国家出版基金项目
NATIONAL PUBLICATION FOUNDATION

"十二五"国家重点出版物出版规划项目

走向世界丛书

主编　钟叔河　曾德明　杨云辉

FROM EAST TO WEST

王之春　谈瀛录

鄢琨　校点

岳麓書社·长沙

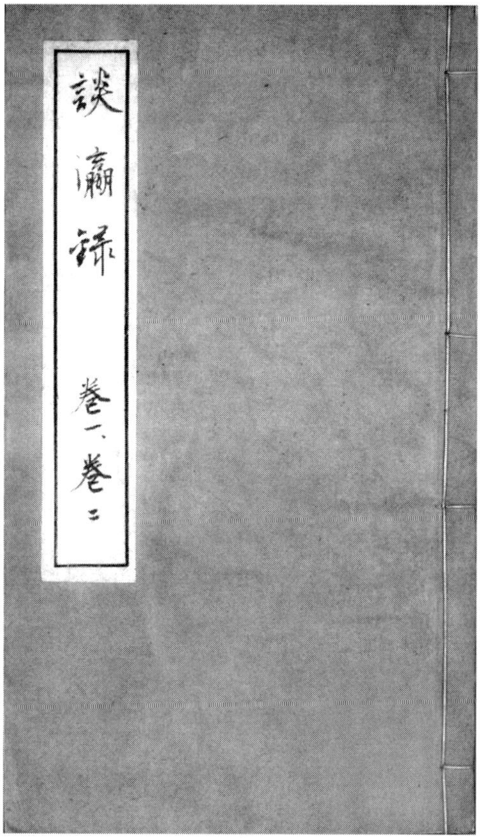

书影

光緒六年庚辰秋鐫

談瀛錄

上洋文藝齋新刊

书影

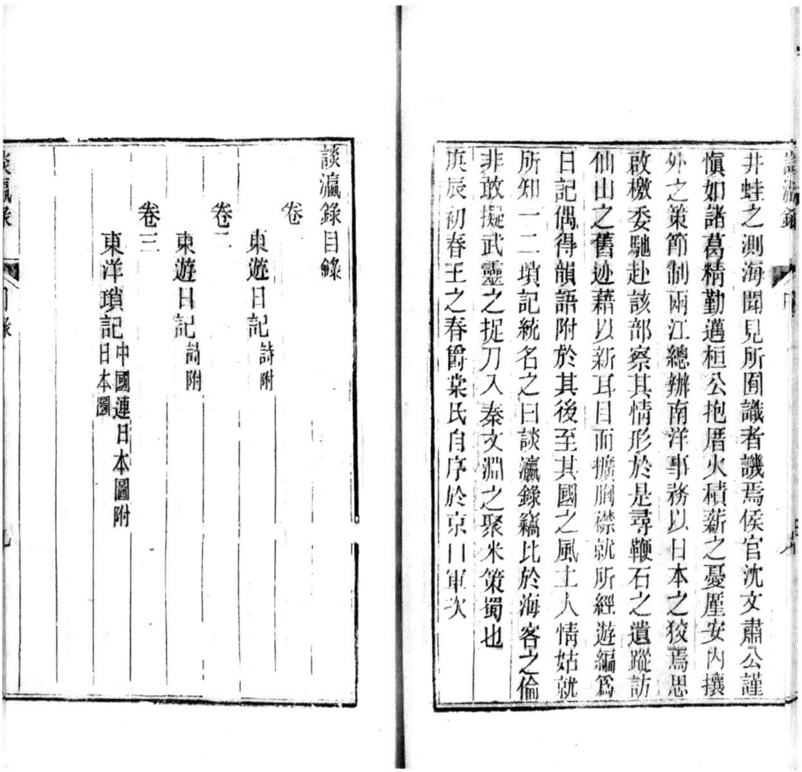

井蛙之測海聞見所囿識者譏焉侯官沈文肅公謹愼如諸葛精勤邁桓公抱厝火積薪之憂屢安內攘外之策節制兩江總辦南洋事務以日本之狡焉思啟檄委馳赴該部察其情形於是尋鞭石之遺蹤訪仙山之舊迹藉以新耳目而擴胸襟就所經遊編爲日記偶得韻語附於其後至其國之風土人情姑就所知一二瑣記統名之曰談瀛錄竊比於海客之倫非敢擬武靈之捉刀入秦文淵之聚米策蜀也

庚辰初春王之春爵棠氏自序於京口軍次

談瀛錄目錄

卷一

東遊日記 詩附

卷二

東遊日記 詞附

卷三

東洋瑣記 中國連日本圖附 日本圖

书影

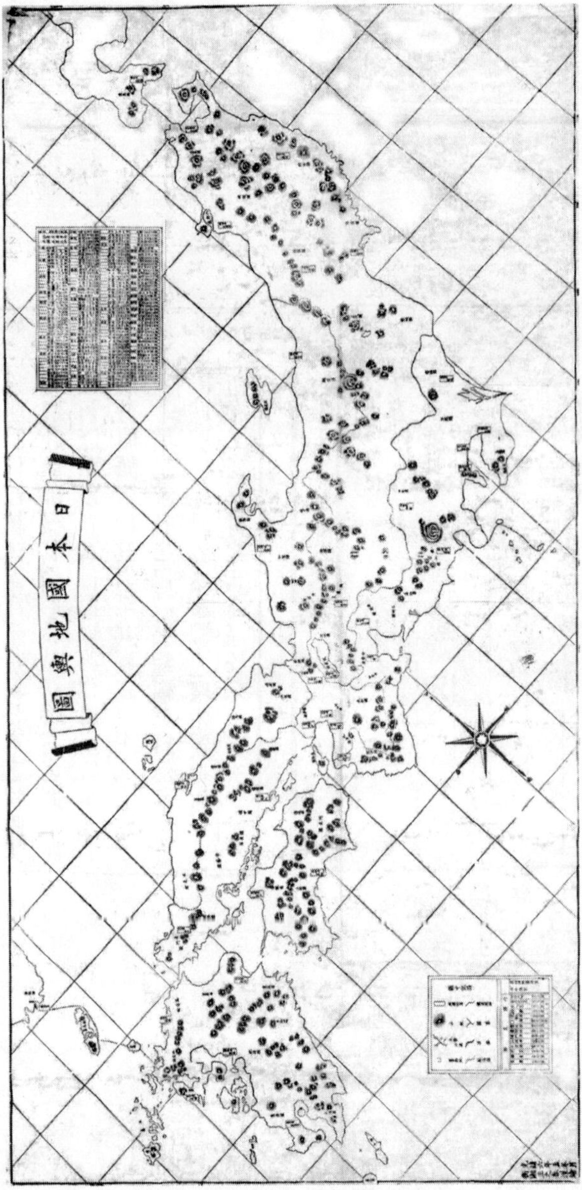

日本国地图

本册总目□

丛书新序……………………………………………… 3
丛书原序……………………………………………… 7
丛书凡例 ……………………………………………… 13
叙论：走马看花的调查报告（鄢琨） …………… 17

□

王之春谈瀛录
彭玉麟序……………………………………………… 5
王先谦序……………………………………………… 7
赵佑宸题诗…………………………………………… 9
潘志学题诗 ………………………………………… 10
自序 ………………………………………………… 11
王之春谈瀛录 ……………………………………… 13
索引与简释………………………………………… 117

丛书新序

钟叔河

二〇一三年十月

“走向世界丛书”一百种，只收晚清时期 from east to west（从东方到西方）的记述，这并不等于说，只有十九世纪末二十世纪初的中国人，才需要面对走向世界的问题。

纵观人类历史，走向世界决不是什么地区性和阶段性的活动，而是不断出现在全人类发展进步过程中并与之同步的历史现象。一百万年前，人类开始从非洲进入亚洲和欧洲，一万年前，又从亚洲进入北美洲和大洋洲，就是在不断地走向世界。

从有史以来的文献、文物看，三千多年前的《奥德赛》和《出埃及记》，说的是古希腊人和以色列人走向世界——走向地中海和巴勒斯坦。两千多年前的《史记》和《汉书》，写了张骞和后来汉朝“益发使”走向世界——曾走到罗马在西亚的边陲。一千三百年前的《大秦景教流行中国碑》、七百年前的《马可·波罗游记》和四百年前的《利玛窦中国札记》，记下了阿罗本、马可·波罗、利玛窦的 from west to east，这和 from east to west 一样，都是在走向世界。

人类曾因地理、种族、制度、意识形态等原因而互相分离，甚至隔绝。夜郎国的君长初见汉使时问：“汉孰与我大?”当是时，夜郎的世界僻处黔西，其“大”可知；连夜郎都未入版图，则汉之“大”亦远不如今之中国。但人为万物之灵，为了求生存谋发展，总不能老守着自己的一亩三分地，总会要想方设法走向世界——走向更广阔的外部世界。于是，汉要“通西南夷”，要前往原来“道险终不能有”的夜郎；夜郎要问“汉孰与我大”，要想改变原来“不知汉广大”的状况。由互相隔绝变而互相接近，互求了解，这就是走向世界。

走向世界，无论是自己走出去还是让别人走进来（总比让别人杀进来好），无论是主动的还是被动的，从总的历史进程看，用大的历史眼光看，都有利于发展，都是一种进步。对汉朝来说是如此，对夜郎来说亦是如此。两千年前是如此，两千年后亦是如此。上世纪七十年代末开始编辑出版“走向世界丛书”时是如此，如今来继续编辑出版这部丛书时亦是如此。

今天的中国已不再是七十年代的中国，虽然仍称发展中国家，经济总量却早已“超英”，正在“赶美”，但走向世界的路还“漫漫其修远”。时至现代，走向世界当然是要走向现代化的世界，也就是要高度现代化，全盘现代化。“四个现代化”的“四个”——工业、农业、科技和国防，已经“化”出了很大的成绩，而我们的管理现代化，我们的服务现代化，我们的制度现代化……要走的路的确还很长。

现代人走向世界，首先要使自己成为能接受全球文明，有世界知识，有世界眼光，有世界理想的人。“走向世界丛书”杰出的作者，如郭嵩焘、黄遵宪……又如邹代钧、金绍城……他们看到的新技术还是德律风（送话器和最早的手摇电话机)、火轮车（蒸汽机车）……我们如今却已经用上了智能手机、坐上了波音飞机……但在思想层面上，我（不敢称我们）反省自己的世界眼光和世界理想，甚至在世界知识的某些方面，比起一个多世纪以前的郭、黄他们来，差距实在还不小。在这方面，也就是人的现代化这方面，要走的路就更“漫漫其修远”了。

五年前北京奥运会的成功举世公认，它已经成为中国走向世界的一大标志。它的口号：

ONE WORLD，ONE DREAM

“同一个世界，同一个梦想”，这也应该是现代人走向世界的志向和目的，是我们继续编辑出版“走向世界丛书”的志向和目的。

丛书原序

钟叔河

一九八〇年七月

人们常说，今日之世界，乃是一个“迅速缩小的世界”（rapidly shrinking world）。在电视卫星、激光通信和喷气式客机的时代，地球之上各地之间的距离，确实好像越来越短，人们相互间的接触和交流，也越来越方便和密切了。

可是，仅仅在几代人以前，异国还显得那样的离奇和遥远。古代欧洲人说，中国人用小米和青芦喂一种类似蜘蛛的昆虫，喂到第五年虫肚子胀裂开，就从里面取出丝来（Pausanias《希腊纪事》）。古代中国人则曾经相信，西方有种羊羔是从泥土里生长出来的，脐带还连着大地（《旧唐书·西戎传》、《渊鉴类函·边塞部九》）。这类海外奇谈，今天听起来简直不可思议，而在过去上千年中，却一直被当作可信的资料，记载在欧洲和中国的史书上。由此可见，人类文明的发展，经历了一条何等漫长曲折的道路。

为了探索和开辟外部世界，丰富自己的物质和精神生活，各国人民都作过许多贡献。人类文明史像叙说伟大的发明家和著作家一样，将永远铭记着张骞、玄奘、马可·波罗、哥伦布等不朽的名字。我们甚至可以这样说：一个民族从中世纪到现代的历史，也就是它打开眼界和走向世界的历史。

历史的发展从来是不平衡的。当黄河、长江已经哺育出精美辉煌的古代文化时，泰晤士、莱茵和密西西比河上的居民，还在阴暗的原始森林里徘徊。而自从地理大发现和产业革命以来，中国却相对地落后了。在西方实现资本主义的现代化以后，中国还是一个基本上同外界隔绝的古老国家。是鸦片战争打开了中国的大门，也打开了中国人的眼睛。人们称林则徐和魏源为清代最早“开眼看世界”的人，因为西方的坚船利炮打到中国来时，他们首当其冲，亲身感到这个世界在缩小，距离和壁垒再也不能将异国隔离开了。

过去时代的中国读书人，在“严夷夏之大防”

的社会里度过了上千年。封闭的外壳被打破后怎么办？守旧派的办法是把脑袋钻进沙子里学鸵鸟，像慈禧太后的大学士徐桐，见到洋人就以扇遮面。就是这个徐桐，在庚子年间焚香叩请骊山老母下凡来“杀尽洋人”，结果骊山老母没有下凡，他自己的老命却白白送掉了。而林则徐和魏源则不同，提出要“师夷长技以制夷”，主张学习外国的长处，以对付外国的侵略。要学习，先得了解，于是林则徐编了《四洲志》，魏源编了《海国图志》。虽然他们未能亲身出国去考察，书的材料靠间接采辑而来，难免有许多谬误，但无论如何，地里长羊羔之类的神话毕竟不得不逐步让位给常识了。

林、魏之后，中国才开始有读书人走出国门，到欧美日本去学习、访问和工作。容闳、王韬、郭嵩焘、黄遵宪和严复等人，要算是最早的。接着出国的人渐渐多了起来，尽管其中不少是奉派而去的政府官员，但既然去了，就不会不接触近代—现代的科学文化和政治思想，也就不可能不在中国发生影响。

“走向世界丛书”专收一九一一年前国人亲历欧美和日本的记述。自从一八四〇年鸦片战争失败那时起，先进的中国人，经过千辛万苦，向西方国家寻找真理。应该说康有为和在他之前的郭嵩焘、王韬、容闳等人，的确代表了近代中国向西方寻找真理的一派人物。当然，丛书所收的，也并不全属先进的人物的作品；但总而言之这些都是中国人从东方走向西方的实录，自有其文化的意义和历史的价值。

必须指出的是：从鸦片战争到五四运动这一历史时期中，西方国家虽在许多方面比中国先进，值得中国人学习，但国家利己主义的本质，却总是要压迫剥削比他们落后的民族的。中国人走向世界、接触西方，既有一个学习外国长处的问题，又有一个抵抗外国侵略的问题，盲目排外和盲目崇外都是错误的。对于某些作品中不免流露的这类观点，我们将在为各书撰写的叙论中，适当地作些分析，供读者参考。

“洋为中用”是我们今天的主张，也是十九世纪先进的中国人的主张。“师夷长技以制夷”，不就是“洋为中用”吗？当然，随着接触和认识的逐步深入，人们慢慢地看出：仅仅学一点“长技”，搞一点坚船利炮，还是不行的；要救国，只有维新，维新行不通，就只有革命。伟大的革命先行者孙中山，用他自己的话来说，也是在一八七八年出国以后，“始见轮舟之奇、沧海之阔，自是有慕西学之心，穷天地之想”，才树立了推翻清朝建立民国的大志和信心。历史无情亦有情，后人的思想和事业肯定要超越前人，但前人的足迹总可以留作后人借鉴，先行者总是值得纪念的。

今天的世界已不是十九世纪的世界，今天的中国更不是清朝末年的中国。今日之中国，已经逐渐以现代的面貌，出现在世界的东方。但是，世界的进步越来越快，中国的经济和文化等许多方面还需要不断地发展和提高；这就必需继续打开眼界、走向世界。打开眼界以后，还要学会分析，分清好的和坏的。一切好的东西，要拿来为我所用；一切有害的东西，要实行抵制和预防。在这方面，前人的经验和教训，有一些也仍然值得我们注意。

谨将这套丛书奉献给爱好历史和文化、关心中国和世界的读者，希望它能在中国现代化的过程中，起到一点微薄的作用，是为序。

丛书凡例□

一、“走向世界丛书”一九八六年前已刊三十五种，二〇一五年起仍按原定一百种的计划继续刊行，仍然专收现代以前用文言写作的国人考察西方（含开国后的日本）的记述，仍以亲身经历、直接闻见者为限。

一、丛书按作者出国年月排列次序，尽量单行，即以一种为一册；字数过少无法单行者，才以两种或数种合订成册。合订本尽可能以类相从，按第一种出国年月排序；其各种均在封面列出书名，书脊则只列出第一种书名，并在其下注明“等几种”（另有附录者则注明“附几种”）。

三、每种（册）书前，均由编校者撰写导言（叙论），介绍作者有关背景和书中重要内容，酌加评论分析，以供读者参考。

四、丛书均经编校者校订，标点分段，并加边批。边批的内容主要包括三个方面，兹以《随使德国记》为例，举示如下：

1. 标题、提要和说明，如“星使由苏州来”、“普鲁士分一十二省”、“演八十日环游地球的故事”、“如夫人即赛金花”、“‘人工’今皆称工人”。

2. 书中较重要的译名（加括弧注出原文或今译），如“德璀琳（Detring）”、“毕驷马（俾斯麦）”、“布莱门（不来梅）”、“德利风（电话）”。

3. 原文的订正和存疑，如“‘公司船’原无船字”、“‘骁勇’原作‘骑勇’”、“‘薛福成’成字原作辰”、“奥京立斯本应是维也纳”。

五、每种书后，均附人名索引，人名依首字笔画和一丨丿丶乚排列，按年、月、日三节数字查检（正文单页码下均有年、月、日三节数字备查）。如德璀琳之“德”字为十五画，于索引“十五画”内检得其名下首列“13，8，17”，查正文“13，8，17”在P. 3下，即可在P. 3上找到

（光绪十三年八月）十七日“乘肩舆往拜税务司德璀琳”的记载。

六、每种书后，一般附有译名简释（今昔译名对照，必要时并加说明），亦依首字笔画和一丨丿丶乚排列。如“卜兰墩浦 Brandenburg，勃兰登堡”，又如“勺勾腊 chocolate，巧克力”。

七、人名索引和译名简释的条目，并不限于边批中所举者；边批中所举者，则必皆收入索引和简释。

八、人名索引按年、月、日三节数字查检，其原书不著年、月、日者，则按篇章序号或页码查检。

九、原文因排印（抄写）而出现的明显的文字错误径予改正，不在边批中注出。

十、原文中同一外国地名而译文不一，如缪祐孙《俄游汇编》中“彼得堡”就有“比得堡”“彼德堡”等异文，因其无碍阅读，故一仍其旧，不予统一。

十一、原文中之统计数字亦一仍其旧。有的表格中之中文或汉码数字，为方便阅读，改为阿拉伯数字。个别已经失去时效、并无参考价值的统计表格，则在说明情况后删去。

十二、丛书以简体汉字印行。除总序、凡例外，编校者所作导言（叙论）、边批、索引中涉及的数字均按现行规定采用阿拉伯数字。

叙论：走马看花的调查报告

鄢　琨

1879年10月，清廷将擅自与沙俄签订《交收伊犁条约》的钦差大臣崇厚革职治罪，准备另遣使臣入俄谈判；沙俄则陈兵东部沿海和中国西部边疆，以武力威胁。而同年日本正式吞并琉球，直接威胁中国东部海疆，引起清廷一些有远见的大臣不安。南洋大臣、两江总督沈葆桢认为防俄必先防日，于是奏派王之春赴日，调查日本的“形势要害、风俗美恶、政治得失”等情，以作防日之备。

王之春（1842—1906）字爵棠、芍棠，号芍唐居士、椒生，湖南清泉县（今衡南县）人。出身文童，少有才名，弱冠入湘军，参赞鲍超戎幕，后隶彭玉麟部，拔至道员，以“文人兼武事”之能，颇获时誉，当时任江防统领驻军镇江。王之春关心时政，曾于1871年编过一部记叙鸦片战争的《防海纪略》，反思鸦片战争失败是由于

"彼此强弱情形一时不曾深悉，故内备不修、兵饷交困"。后来又撰写《国朝柔远记》（1880年出版），记叙清代自顺治元年（1644）到同治十一年（1872）的外交历史。他也因此被认为是清朝官员中熟悉洋务的人才。

王之春于1879年12月4日从镇江出发，历经长崎、神户、大阪、横滨、东京等地，于1880年1月5日回到镇江，在日本游探近一月。他将此行见闻写成《谈瀛录》，于当年秋季由上洋文艺斋刊出。

当时正在督办江防、海防的彭玉麟为《谈瀛录》作序，称此书："言简而义赅，俾日国情形一翻阅而了如指掌……诚防日以防俄之秘钥，亦服日以服俄之韬钤也。"彭玉麟是主管防务的重臣，他说的不会完全是客气话，实在是由于当时清朝官员中对日本的国情所知太少。

其实在此前已有过一些中国人看近代日本的著述：罗森的《日本日记》，1854年连载于香港英华书院主办的月刊《遐迩贯珍》；李圭的《环游地球新录》中的一卷《东行日记》，1878年由李鸿章资助刊行；首任驻日公使何如璋的《使东述略》附《使东杂咏》，1878年由总理衙门印行。这些著述均甚简略，发行亦不广，影响不大。如《使东述略》，记述何如璋1877年使日初两个月间的见闻，曾被日本学者称是"中国人对明治维新的日本认识最早、最切实的一本著述"，也才不过万来字。此外还有黄遵宪的《日本杂事诗》，1879年孟冬刚刚由同文馆刊行，在当时也还未引起足够的重视。这些书，彭玉麟或许都不曾见过。因此，像王之春这样能“文人兼武事”的官员，负“名为观光，实为刺探”之特别使命，写出的关于日本国情的报告，乃能特别受到清廷大员的重视。

《谈瀛录》出版后，有人表扬它增开了一扇国人看日本的窗口，也有人批评它抄袭了黄遵宪的《日本杂事诗》而斥之荒唐，都不大注意王之春此行的特别使命。从其使命来看，王之春的这份报告，当不当得起彭玉麟称赞的“俾日国情形一翻阅而了如指掌”呢？

《谈瀛录》共 4 卷，5 万馀字。前两卷为《东游日记》，记录这一个月来的行程及见闻；后两卷为《东洋琐记》，简要介绍日本的历史、地理、户口、租税、兵制、官制、国债、物产、教育、风俗等方面的情况。其行程所及，有长崎、神户、大阪、横滨、东京、西京（京都）。除浏览各地市容及几处风景名胜外，仅参观了教育博物院、博物院和劝工场。接触了中国驻日公使何如璋、副使张斯桂、参赞黄遵宪，横滨领事范锡朋，招商局的何仰云、潘镜泉等，与之“剧谈东事”或“畅谈至三点钟”，读到黄遵宪的《日本杂事诗》，“采录风土甚详”。此外，还与日本一些汉学家笔谈，诗词酬答。

因其观光客的身份，短短一个月内，走马看花，所见有限，王之春对日本的了解，主要还是来自与上述人员的交谈，以及所搜集到的资料，即彭玉麟的序所称“有不及毕达者，则购其图籍以归。考核印证，挈领提纲”。实际上，对比《东洋琐记》与《日本杂事诗》便可知，这些资料主要来自后者。

其时，日本正在大力进行全面西化的明治维新，政治上进行近代化改革，建立君主立宪政体；经济上推行“殖产兴业”，学习欧美技术，掀起工业化浪潮；并且提倡“文明开化”、社会生活欧洲化，大力发展教育等。王之春身历其境，所见所闻，应该是充满新鲜感的。在《谈瀛录》中，确也有一些相关的记载。但这些记载，显然对在日本发生的这场巨变认识不足。

政治上，书中“维新政纪”条简略介绍了明治维新的经过，又有“礼制”“官制”“刑律”条简记日本政治制度的变化。但王之春对这些变化并不以为然。他在谈到“日本自明治六年始易服色，朝会……悉遵西制”时，就以所见日本士大夫在家仍穿和服，而得出结论：“此亦可见人心之不尽从之也”，赋诗感叹：“灭裂冠裳尚西律，教人无奈起深愁。”这固然是因为他始终坚持“中学为体”、反对政治变革的立场，也因为此时他仍陶醉于“上国之宾”的文化优越感中，津津乐道昔时日本“以小事大，喁喁然向风慕义”的往事。同时，还因为他接触到的一些日本的汉学爱好者，有的就正是不赞同维新的守旧派。王之春的这一立场，直到甲午战争之后也没有改变。在著于1895年的《使俄草》中，他还借“倭人冈千仞之言”，表达他对日本维新的看法：日本“世宗隋唐，自维新政行，一旦尽改西法，徒饰外观，殊非本意云云。今顿弃孔孟礼教，欲骤致富强，终难维持久远”。这也正是当时中国上层人物的普遍认知。彭玉麟在《谈瀛录》的序中，就直斥日本“今乃尽弃其学而学泰西，颓纲毁纪，务为邪淫”。

王之春此行的一重要任务，是打探日本的武备情况。但以他的身份，仅能在乘船经过神户时，远远地从“舟中望明石炮台，月影濛濛，霜风刺骨，瞬息过去，殊未甚明了也”。他所能了解到的，全部来自公开的资料。在《东洋琐记》中，有“险要”“兵制”“六镇”三条涉及军事，约3500字。王之春指出：“日本维新之政，惟武备为最大端。”分析了日本的关隘险要、军事编制及兵力配备，但介绍仍嫌简略。如对日本重点打造的海军，仅有400多字的介绍，而这已是各兵种中介绍最详细的部分了。且仅着眼于兵力与武器的数量、配置，而对于日本仿效西方设立军事院校，建设新式的现代化军队，将带来的战斗力的提升，则浑然不觉。王之春由此得出结论，认为日本“全部无险可扼”，将来一旦有事，可以轻易战而胜之，则判断得未免过于轻率。

王之春早在《防海纪略》中就提出“购洋炮洋艘练水炮火攻之用，尽转外夷之长技，为中国之长技”的“富国强兵”之道，但他似乎只看重洋人的“坚船利炮”，对于西方的许多科技发展，还停留在外行看热闹的阶段。他此行在日本多次乘坐火车，有关的描述两处：从神户“坐火车往游大阪。烟云屋树，过眼如飞，约行四刻即至”；从横滨“乘火车往游东京，计程七十里。凿山填海以通铁路，中途阻水，架木桥里许，共费金钱五十馀万，工亦颇劳”。要知道，此时在中国连一寸铁路都没有！1876年英商怡和洋行建成从上海到吴淞的一段铁路，引来朝野一片哗然，守旧派纷纷攻击铁路是外国的“奇技淫巧”，将破坏“列祖列宗之成法以乱天下”。于是清政府花钱买下这段铁路，于1877年将其拆毁，和运营车辆等物全部运送到台湾，沉入打狗港中。比起那些起哄反对的顽固派官员，王之春对铁路的态度要开明得多，但对铁路的重要作用，此时也还是认识不足的。

《谈瀛录》中还谈到日本的电报：“电气报以铜为线，约径分许，用西人所炼湿电，通行字码。或架木上，或置水中，引而伸之，两头均有机器系之。所通之音，傅线以行，虽千万里，顷刻即达。”但这段文字，还是抄自何如璋的《使东述略》，王之春自己并未下功夫去考察，对电报这一新生事物的重要作用，认识也就完全谈不到了。（王之春写《谈瀛录》的次年1881年，在天津才设立了中国的第一家电报局。）

王之春对日本人学西方的这些“奇技淫巧”发议论说：“泰西机器之属，若火车、火船、织纴、针缝等器……若斤斤于尺寸分杪间规仿之，尚属步人后尘，不免泰西之齿冷也。”又说：“余尝见《南史》称，祖冲之造千里船，纯用机棙，不借煤火，其巧妙与西国轮船无异。至以‘千里’命名，则其迅捷自不待言。且杨幺之楼船激水，其速莫比，亦轮船之滥觞。”“而步后尘者，徒夸泰西之巧，抑知中国固有先西人而为之者邪。谚云‘少所见，多所怪，见骆驼，谓马肿背’，独不思武侯之流马，公输之木鸢，何以行于地上、飞于空中自若也。”依仗传说和臆想中的老祖宗的本钱，来轻视西方的现代科技发明，则未免迂腐得有些滑稽了。

当时日本为殖产兴业、加强军备，急需资金，乃对内增重赋税，发行国债，对外也大举外债。王之春在田赋、杂税、国债诸条中，对此提出批评：“无物不税”“彼族之民，犹觉困不堪命”“各经费度支，恒苦匮乏”；却看不到日本这些举措，为经济与军事的迅速发展所带来的造血功能。王之春由此预判，日本将“外强中干，国债日积，方惧其无以善后，自救不暇”①，自然也属于误判。彭玉麟序中所言：“竭举国之财力，作无益以害有益。田赋十之七，舟车征求无艺，不足则称贷于英人，为数二千万有奇，私贷民间者几倍之。国瘠民贫，外强中干，本之不存，末将立折。欲不自速陵夷也，得乎?”也正是源于王之春的判断。

《谈瀛录》中，记载其参观最感兴致的有三处：东京的劝工场、教育博物院和博物院。

劝工场“则百货骈列，类皆精巧新奇之物，每物一

①此言出自十五年后的《使俄草》，说明这也是王之春一直持有的观点。

种，列为一肆，如金银铜锡铁器、竹木器、磁器、髹漆器，各从其类，每类不下数十百家。……斗巧争奇，令人目炫意骇。其设是场也，欲使人各竭其智巧以争胜，所以奖其能而愧夫不能者”。

教育博物院有“泰西机器之属，若火车、火船、织纴、针缝等器，均具体而微”，有“窥星镜、测天仪、地球大小各数十具”，有“置鳞介之屋”，还有人体解剖模型，“范土为人而剖其腹，血肉狼藉淋漓，其中脏腑经络逐一位置，另有小图，各肖其状”。

博物院有彝器院、金石院、制作院、植物院、药物院、鳞介院、飞禽虫豸院、走兽院、珍宝院等，各种实物、标本“充实其中，要皆希世之珍”。

这些都是王之春见所未见的新鲜事物，他也看得饶有兴致，还直可惜“匆匆一游，未及一一手笔记之，以为他日补注《尔雅·葩经》张本，殊属恨事”。但他对于日本建这些设施以奖励发明、普及教育、提倡“文明开化”的用意，却未及思考。参观劝工场，他最感兴趣的还是“尤足喜者，中土书籍亦群萃于此，……余尝闻日本喜购中土书籍，未之敢信，观此，则人言真不我欺”。参观教育博物院的图书馆，他则批评“锦函玉轴，满架牙签”图书“半系该国典籍及泰西之书，虽欲以裨实用，而蔑弃圣教，大叛其先崇尚汉学之心，识者嗤其无足观也”。在他眼中，这些西方洋玩意的用处，不过是可为“补注《尔雅·葩经》张本”。

王之春头脑中绷紧的“祖宗成法、圣贤之道”这根弦，也使他对日本当时大办西式教育的浪潮，未有足够的关注。他此行没有参观日本的学校，《东游日记》中仅有两处有关的见闻记载：一处是在劝工场所见：“凡海陆军士，有官学校专以教帅兵者。凡地之险要、器之精良、阵之分合、兵之进退、营垒之坚整、手足之纯熟，一一有成书。绘以图，贴以说，一览可知。”一处是所闻：“查日本有女学校，亦教以西学。……又有幼稚园，皆教四五岁小儿。……坐立起止，皆若以兵法部勒之，泰西之教法也。惜匆匆不及一往观耳。”

关于学校较全面的介绍则见于《东洋琐记》“学校”条，约450字，还是从黄遵宪的《日本杂事诗》中摘录来的：“日本近设学校甚盛，隶文部省，唯专以西学教人。英吉利、法兰西、德意志语学校，随处皆有，故多有通晓西语者。东京大学生徒凡百馀人，分法、理、文三部。法学则英吉利法律、法兰西法律、日本今古法律；理学有化学、重学、光学、气学、算学、矿学、画学、天文学、地理学、机器学、动物学、植物学；文学有史学、汉文学、英文学……所读皆切实有用之书。卒业则遣往各国，曰海外留学生。……”

大兴西式教育，乃是日本维新运动的一项重大措施，大力培养建设近代化国家所急需的新式人才，正是日本当时能迅速崛起的主要原因之一。黄遵宪在《日本杂事诗》评价说：“观其学校，分门别类，亦骎骎乎有富强之势”，并引郭嵩焘的话"泰西人才悉出于学校"加以褒扬。王之春对此则无相同的感受。虽然他也肯定日本学生"所读皆切实有用之书"，但他前面已有评价："虽欲以裨实用，而蔑弃圣教"，"识者嗤其无足观也"。中国在1872年就有官派的留美幼童，但此时国内的教育仍被束缚在科举制度的牢笼里，以王之春此时的认知，自然无法对日本的西式教育作深入的思考。

行程结束后，王之春总结他的观感："虽未全窥东瀛形胜，而情伪则亦间有所得"，"今日本……以蜻洲三岛，蕞尔拳石，强自亢厉，适以助其骄而增其悍也。亦犹御者尽马之力，而颠覆可立而待耳。"

实际上，王之春此行对日本的了解实在有限，虽亲历其境，有所见闻，也多是浅尝辄止，或是知其然而不知其所以然。以这样的了解，编一本简略介绍日本的游记尚可；若要如彭玉麟所推许的"将来有事于东方者，准是编为指南"，作为朝廷决策的依据，则就大大的误事了。

长期以来，中国的士大夫把日本当作东洋"蕞尔"小国，从彭玉麟为《谈瀛录》所作的序中，即可见这种轻视："虾夷一岛，直以靴尖踢倒耳"，"欲求为中国附庸也，得乎?"如果把他的序言看作《谈瀛录》的读后感，那王之春的情报工作，可真是不到家了。

戴季陶曾评价日本人对中国的研究："'中国'这个题目上，日本人也不晓得放到解剖台上解剖了几千百次，装在试管里化验了几千百次。"就拿甲午战争来说，战前，日本人就破译了清军的电报密码，以致李鸿章调动军队命令全被日军截获；北洋水师的基地刘公岛，其地理形势、军事设施、兵力配置，也早被日本人调查得一清二楚。对比起来，王之春的情报工作，就更不到家了。

王之春归国后，曾向朝廷“上万言书，陈夷务，自请带锐师归复中山”（琉球为中山国）。这其实也是驻日公使何如璋的主张，要趁“今日本国势未定，兵力未强”，先发制人。以当时日本的国力、军力，确实尚未作好大战的准备。但当时清廷正疲于应付北方的强邻俄国，无暇东顾；且李鸿章认为：“争小国区区之贡，务虚名而勤远略，非惟不暇，亦且无谓”，“琉球地处偏隅，尚属可有可无”。王之春的请战未被采纳。但即使被采纳，不能知己知彼，又能有几分胜算？

其实在当时对日本的认识，黄遵宪已远胜于王之春。王之春在东京与黄遵宪往来密切，其时黄的《日本杂事诗》已经付印，《日本国志》也“甫成稿本”。王的许多资讯就来自黄的书稿。但黄遵宪对日本明治维新的深入探究，特别是他对日本的宪政改革的认识，并未引起王之春的共鸣。1887 年黄遵宪完成了 50 馀万字的《日本国志》，全面系统地研究和介绍日本的历史与现状，“牵涉西法，尤加详备”，强调“万国强由变法通”，主张学习日本维新。黄遵宪随即将《日本国志》呈送总理衙门，希望引起当局的重视。但由于清政府高层普遍的对日轻视，以及对维新变革的抵触，这部奇书却被官方束之高阁。①

于是乎，在一场龟兔赛跑中，颟顸保守的“天朝大国”，固步自封，越落越后。

终于，甲午战争的炮声响了！

①1890 年，黄遵宪终于对官方刊印不再抱希望，转求民间出版。他在出任驻英参赞前，将书稿交广州富文斋书局由自己出资出版。但迁延至 1895 年他卸任回国后，《日本国志》才艰难印行。而此时，甲午战争败局已定，时人乃有“此书可抵银二万万两”之慨叹。

王之春谈瀛录□

光绪五年十月二十一日　　离开上海赴日
光绪五年十月二十五日　　抵达神户
光绪五年十月二十九日　　抵达横滨
光绪五年十一月二十四日　回抵上海

□据光绪六年秋上洋文艺斋刻本

□鄢琨校点

王之春谈瀛录目录

彭玉麟序 …… 5
王先谦序 …… 7
赵佑宸题诗 …… 9
潘志学题诗 …… 10
自序 …… 11
谈瀛录卷一　东游日记上 …… 13
谈瀛录卷二　东游日记下 …… 31
谈瀛录卷三　东洋琐记上 …… 48
谈瀛录卷四　东洋琐记下 …… 85
人名索引 …… 117
译名简释 …… 119

彭玉麟序

光绪五年冬，伊犁地未归，朝廷方遣使入俄。南洋大臣沈文肃公恐夷情猾谲，议或梗，将为思患预防计，捍东南以控西北，谓防俄必先防日。日之国，东与俄邻，近来崇尚英、佛诸奇伎，益犷悍慓狡，托名互市，实则蠢蠢欲动。往者台湾之役，琉球之取，皆若自外声教而罔怵王灵者。俄侵轶而东，必先从事于日。日折入于俄，俄将不可制。否则连衡勾结，驱日人为之先，以分我兵力，俄从事于后，祸叵测。顾欲防日，而不先悉其形势要害、风俗美恶、政治得失，则无由攻瑕击隙，以制其死命。而又虑临之以师旅，则易启争端，重之以使节，则反招猜忌也。思欲得一不动声色、直探巢穴、密访周览、洞悉虏情于胸臆者，久之，艰其选。王爵棠观察闻命，奋袂请行，附轮舶出入颠风骇浪中，往返三十馀日，行程二万数千里。每至一处，辄与其国之士大夫交，笔墨酬答，晨夕游历，争为

“佛”即指法国

奉命赴日考察

之导而输其款。有不及毕达者，则购其图籍以归。考核印证，挈领提纲，著《谈瀛录》四卷，言简而义赅，俾日国情形一翻阅而了如指掌，固不徒阙补《山经》，遗拾《海志》已也！余重为日人叹焉。日为泰伯后，夙遵文教，今乃尽弃其学而学泰西，颓纲毁纪，务为邪淫。竭举国之财力，作无益以害有益。田赋十之七，舟车征求无艺，不足则称贷于英人，为数二千万有奇，私贷民间者几倍之。国瘠民贫，外强中干，本之不存，末将立折。欲不自速陵夷也，得乎？欲求为中国附庸也，得乎？方今圣天子怀远招携，不忍劳师相袭取。苟日人自作不典，或依附俄人而张其焰，将来有事于东方者，准是编为指南。知神户之炮台不足恃，则舟师可径入；知民力民财之久匮，则东西两京可坐困；虾夷一岛，直以靴尖踢倒耳。彼俄人闻之，亦动色相戒，懔然自戢其异志，罔敢为覆辙之寻。然则《谈瀛录》所谈，诚防日以防俄之秘钥，亦服日以服俄之韬钤也。若第赏其记载之详明、议论之精当、歌咏之沉雄，安识作者之深意哉！

光绪六年庚辰季秋月，衡阳彭玉麟序。

王先谦序

国家代天子育万汇，常不极其威，克仁义渐被，优游化成，尢有内外，蛾伏受命。咸丰间，蠡贼内讧，洋舶踵至，于是西北大小十馀国立约互市。日本不通中土垂三百年，同治十年，其使臣柳原前光等来请通商，既有成言。越四载，窥我台湾，怵威而退。皇帝嗣位，特遣二品衔翰林院侍讲何如璋等为驻日本大臣，以固邦交。而光绪四年，其国突以兵破灭琉球，取为郡县。又法西人作轮船战具，变易衣冠，务慓狡其民，以逞其武力，侈然争雄列邦矣。然地大不敌中国二行省，兵甲四出，赋敛倍蓰，民生愁烦，莫有固心。俄人虎视卧榻之侧，负英债至银二千馀万，岁罄入不能偿母，毋亦惟国之颠覆是惧，而奚为多得罪于中朝？王爵棠观察奉江督沈文肃公奏派前往，逾月，尽得其形势险要、风俗情状，归为《谈瀛录》四卷，文赡而事核，汪大渊之《岛夷志略》、黄衷之《海语》不能过也。异日从事东方者，宜于是书有取焉。爵棠历兵间久，规画远大，而亦不遗纤悉。诚得操柄奋袂，必能恢宏建树，以彰巨清绥攘之烈。其撰述之不朽，抑末也。爵棠勉乎哉！

光绪六年岁次庚辰仲夏月，长沙王先谦益梧序。

赵佑宸题诗

集录中句奉题大著，即请莞正

神仙自昔说瀛洲（《题日本杂事诗》），到此无妨往迹搜（《东京杂咏》）。大局默持胸有竹（《赠品川供使》），佳山水处且勾留（《登大音寺》）。

本来心迹净无尘（《登大音寺》），直把螺纹掌上陈（《和梁炜煌》）。怪怪奇奇难悉数（《博物院》），果然交契又重新（《赠何仰云》）。

轻圆石子本晶莹（《东京竹枝词》），碍道荆榛概削平（《横滨留别》）。倭国河山经擘画（《赠梁炜煌》），鸡林何止慕诗名（《赠张鲁生星使》）。

争从艺圃斗新奇（《劝工场》），坐对浑如画里时（《东京杂咏》）。阅尽山经海国志（《游瀑布山》），我来不敢浪吟诗（《笔冢》）。

庚辰仲夏月，赵佑宸谨呈

潘志学题诗

天外楼船破浪回，王郎卓荦果奇才。
文渊聚米真形绘，太傅燃犀异境开。
妙笔写将风土出，他邦广得见闻来。
一编荟萃谈瀛录，不顾寻常海客猜。

潘志学慎初氏拜稿

自序

《礼》：男子生，设桑弧蓬矢一，所以昭丈夫四方之志，不可谓不出户庭，遂占无咎也。况班超投笔，远出玉关；终军请缨，以系南越。古人壮略，类事遐陬。我朝威灵震叠，一道同风，受万国之共球，萃涂山之玉帛。聘问之使，联翩而赋《皇华》者，几于无远弗届焉。盖中天运会所开，初非秦皇、汉武徒逞远略者所可同年语也。鲰生幸际清时，得通仕籍。万卷有惭于遍读，九州未侈夫历游。笃于时，如夏虫之语冰；拘于墟，等井蛙之测海。闻见所囿，识者讥焉。侯官沈文肃公，谨慎如诸葛，精勤迈桓公，抱厝火积薪之忧，筹安内攘外之策。节制两江，总办南洋事务，以日本之狡焉思启，奏委驰赴该部，察其情形。于是寻鞭石之遗踪，访仙山之旧迹，借以新耳目而扩胸襟。就所经游，编为日记，偶得韵语，附于其后。至其国之风土人情，姑就所知一二琐记，统名之曰《谈瀛录》。窃比于海客之伦，非敢拟武灵之捉刀入秦，文渊之聚米策蜀也。

光绪六年庚辰孟春月上元后五日，清泉王之春自序于京口军次。

5,10,18

谈瀛录卷一　东游日记上

光绪己卯十月初旬，奉两江制府沈文肃公奏派，驰赴日本游历，借以考察其政治及其风俗之厚薄，国势之强弱。 奉命赴日游历

十八日　由镇江防营搭轮。先数日禀报起程，蒙批答有“深虑远识，必能验诸实境”之语。

十九日　抵上海，刘吉六司马邀游未园。园初为徐雨之观察所葺，今已易主，而规模如昔。大约数亩，编茅为亭，覆瓦为台，有楼翼然，有树森然。外以附皮杉木为篱，编成“卍”字、梅花等式，价廉工巧，朴拙而饶古趣。园中杂植花草竹木，布置天然。花龙吠客，鹦鹉呼茶，异羽奇葩，点缀生趣。累石为山，高盈丈许，玲珑曲折，入者如游武夷，步步引人入胜。中甃一池，广可二亩，轻鸥矫翼，瘦鸭呼名，游鱼嘘沫于波縠浪纹间，见人 上海游园 不惊，可手而掬。池中设有暗机，园丁以手拨之，池水从

石罅中上喷，如轻尘微雨。机满水停，顾视草木，居然雨后光景，殆智者所设施也。

上海在吴淞江内三十六里，春秋属吴，后属越，旋入于楚。相传为春申君封邑，故又名春申江。洋场在其城北，自互市以来，繁富甲天下。峻宇雕墙，栉比鳞次，高耸云际。笙唱彻宵，车声殷地，类皆华丽绮缛之境，嚣且尘上。求一清凉之境，以涤尘心，了不可得，到此觉心脾为之一清。

抵沪

春申江上几回游，杂处华夷户更稠。灯照五更城不夜，涛来一线水宜秋。繁华渐染殊方习，饥溺谁廑救世忧？我惯乘槎夸海客，前途遥计路悠悠。

察看新造机器船

二十日　晴。浙宁余玉峰来寓，询及安徽董司马创造机器船，现将下水。予前在省，曾经奉沈制军面谕，就便估验该船，遂同往观。乘车至虹口，察其船质颇坚结，约长六丈馀，宽不及二丈，轮轴机括几占船身四之一。说者谓不借水气火力，纵能行走，必不快捷。然由是推广而行之，安知他日不有快捷之一日耶？

余尝见《南史》称，祖冲之造千里船，纯用机棙，不借煤火，其巧妙与西国轮船无异。至以“千里”命名，则其迅捷自不待言。且杨幺之楼船激水，其速莫比，亦轮船之滥觞。夫智者造物，巧者述焉。异巧绝能，世不经见。而步后尘者，徒夸泰西之巧，抑知中国固有先西人而为之者邪？谚云“少所见，多所怪，见骆驼，谓马肿

5,10,21

背”，独不思武侯之流马，公输之木鸢，何以行于地上、飞于空中自若也。董君之造是船，绝不倚傍他人成法，纵难飞行绝迹，当思精益求精。务使泰西人见之，知其聪明才力，终出我中国之下也。

阅毕，返寓已五点钟。戌初，上东洋公司轮船，同行者二人，仆从三人。先日买定上舱票三张，每张洋五十五元；下舱票二张，每张洋二十元，均写至横滨口。船为明轮，大桅二、烟囱二，船面开阔。上舱为客房，宽广七尺馀，上下设榻二，衾枕洁净，垫褥厚软。壁悬大镜一、玻璃灯一，盥漱器及面巾、香皂诸琐物，无不备具。楼中舱为饭厅，有长桌八张，每张可坐十馀人。瓶供花卉，香气馥郁。辰正早餐，午正中餐，酉正晚餐，食物皆外洋风味。每餐先二刻鸣钟一次，届时再鸣，则当齐集饭厅。食时，每桌置菜单一纸，听客自点，惟酒须向买办房另沽。侍者华夷各半，服役勤谨。下舱无房，不独役使无人，即盥面亦无热水。每日三餐，用方广八寸、深一寸之木盒，盛饭匕许，咸小菜些须，析小方木长三寸许为箸，人各一器，饭后数人共茶一壶。此外，须沸水瀹茗，温水盥面，了不可得。即自带熟菜、点心，亦无从蒸煮。视坐上舱客，不独有上下床之分，直有天壤之别矣。惟雅片烟之禁綦严，而防火患最密，即上舱客吸食水旱烟，均须往前舱及外面平板站立。客房及饭厅正舱各处，除晚间一点灯外，均不得携一火种。

上下舱有天壤之别

二十一日　晴。早七点钟，展轮出吴淞口，罗针指东南。崇明、铜沙一带，岸树萧疏，古人所谓江山之外，第见风帆、沙鸟、烟云、竹树者，庶几近之。午初，见大蕺山，针转正东。申正，越花脑山，舵转东向兼北一字，泛大东洋，一帆风利，真有破浪如飞之胜。

按：三沙始自唐武德中，吴郡城东三百馀里，江面忽涌二洲，谓之东西二沙；五代时谓之顾俊沙，杨溥改为崇明镇；宋天圣中，续涌一洲，姚、刘二姓徙居之，因名姚刘沙；建中靖国初，又涌一沙于西北，相距五十馀里，以三次涌成，故又谓之三沙。前明防海，尝以崇明与北岸之蓼角嘴为长江第一重门户。迩来轮船，非水深不能驶入，则防守要不在此。江面既广，几二百里，崇明居中。扼塞分为南北二水道：崇明与通州之葱角为北水道，皆平浅沙滩，西自崇明之东南嘴，东至海中之佘山，又东南自佘山东北至葱角，其间沙亘相属，以阻北水道之口，中惟帆船可行，火轮从无至者；崇明与南汇之九团间为南水道，近又涌新沙，自西北而东南亘百馀里，名曰东沙。同治初，东沙上又出二小岛，于是又分水道为二：北口虽深，而口门当佘山之南，迤逦沙浅，轮船亦未通行；南口置有灯船，以为夜行标识，两旁仍多浅亘，中通仅广二三里，入口者，须西北过吴淞口至崇宝沙，始出东沙险。又东沙至狼、福两山间，尤为难行。盖大江至江阴、靖江间，狭处不过三里，过此忽增广至三十里，水势散缓，致多停沙。近今言江防者，咸以江阴为重地。然明则江阴，暗险实在狼山渡与东沙。若于南汇之九团筑炮台为第一重门户，扼

崇明为长江门户

5,10,22

宝山城与崇宝沙为第二重门户，扼狼山渡为第三重门户，并制铁甲炮台船，以测沙渡移徙，择要安置，则虽火轮飙驰，亦难飞渡矣。

轮船出洋

电掣雷轰撼不休，艨艟直趁水东流。银涛驶破风嘶马，铁甲欲飞星犯牛。大气斡旋轮轴转，孤烟摇曳海天秋。楼船本是吾家物，再出扶桑试一游。

过花脑山有感

吴淞出口水苍茫，花脑山前夕照黄。使者咸称张博望，将军谁是戚南塘。西来大意非观海，东国殊风敢擅场。我欲访寻徐福后，二千年里说沧桑。

二十二日　晴。天晓观日，曈曈斜旸谷，浴扶桑，仰射云霞异采，出海渐高，万道金蛇，风回澜紫，不可逼视。观水，初作浅碧色，渐作蔚蓝，较过花脑尤黑。辰后，见远山屹立海中，舟人名曰高岛。近视其旁，群列三五如小星。舟东北行，又经五岛，将近日本境。戌刻，抵长崎港停轮。港势斜趋东南，如游龙蜿蜒，名野母崎，北则群屿星错，大小以六七计。山骨苍蔚，林木深秀，殊可爱玩。 船抵长崎港停靠

大洋遣兴

四顾甚茫然，来程问几千？一舟轻似叶，远水乱浮烟。放眼疑无地，当头只有天。斗牛星在望，何必说张骞。

过黑水洋

万马千军彻夜哗，凭栏一望黑无涯。风推水面排山势，舟

撼涛头喷雪花。残月溟蒙天泼墨，重溟深黝客乘槎。好凭云海将胸荡，此后吟诗气自华。

二十三日　天阴。登舵楼，遥望山势，弯环回抱，如行山阴道上，并皆岚翠欲滴，有烟云缭绕之态。古之所谓三神山者，殆即此是也。辰后，上岸至招商分局，局事托广裕隆代办。晤广东潘镜泉兄。旋至恒昌啖粥一盂。该店为浙西王君所开，屋宇修洁，前有小园，山茶欲开，盆梅破萼。有凤尾蕉一本，高六七尺许，围约四尺，上结黄花，花瓣密攒如鸡冠，每瓣中缀红子如银杏大。据云，小儿出痘，以此子系发内，即免惊风等险。子内有仁，研之成粉，合小麦粉蒸食，可耐饥七日。说虽不经，而古所谓铁树开花，群芳谱云“铁树三十年一花”，信然也（凤尾蕉俗呼铁树）。少顷，镜泉遣价邀食午餐，毕，旋偕游长崎市。闻中华之贸易于此者约千三百人，画地以居，有会馆名“唐馆”。估货饧、棉为大宗，馀则择其所无者运往。返购海鲜，间以木板而已。惜匆匆均未能一晤。该处屋宇参差，因地而高下曲折。满市车声辚辚，与得得之屐声互答。盖东人无论晴雨，足皆着屐。游倦，少憩于东人家。脱履入门，满地遍布长席。小童引导入楼，四壁精洁无纤尘，窗户洞启，客至席坐，瀹茗相饷。虽地不甚大，而引泉为池，依山树木，盆花砌草，培植殊佳。长崎旧俗，女子已嫁，必剃眉、黑齿以示别，近已弛其禁。男女均宽衣博袖，近惟在上者易西制毡服革履，民犹未尽从之也。小坐片时，散步至正觉寺（即大音寺）。寺踞山巅，

游长崎市

5,10,24

高不知几寻丈。甃石为级，贾勇而登，甫抵山门，汗涔涔欲滴。山间古木攫拿，轮囷盘错，中土所不经见。从山门远望大殿，尚有数百石级。同游者皆倦惫，遂于酉初回船。六点钟即开轮矣。

登大音寺

蒙蒙晓日荡金球，万里重阳一望收。徐氏村荒星月换（距长崎数十里有熊趾山，山下有徐家村，即徐福故址），大音寺老古今秋。几文剧买长崎醉，两国遥分汉海流。我自胸中有忧乐，佳山水处且勾留。

海客瀛洲话此身，本来心迹净无尘。千秋伟绩群推戚，一榻延宾我忆陈（谓镜泉上舍）。雄剑惯随杯外影，匡时偏老局中人。輶轩采问从今事，鸿爪留痕证夙因。

二十四日　微雨。启轮，轻风徐扬，水波不兴。盖由长崎越长门入里海，两岸山环，一水萦带，非复大海之汪洋一片。凭舷远眺，诸山忽断忽续，或圆如覆笠，或削如笔尖，或巉岩而历乱，或苍翠而清奇。恨不起宗少文而一二图之，以为他日卧游也。未初，抵鹿儿岛，停轮三点钟。该岛监税者来舟，见余方据几作字，索书数行，余笑而与之，欣然谢去。窥其意，若甚珍爱也者。开行后，舟行平稳，无异长江。晚间登楼闲步，涛声走风，浪花喷雪。时有渔舟上下，灯火出没于波涛间，几忘置身海外。至鹿儿岛停轮迎客

泊鹿儿岛不得登岸（鹿儿岛系萨摩辖地，各国通商，只以小舟载货拨入轮船，无论何国人皆不得登岸）

一岛孤悬压水滨，瘴烟蛮火自为邻。入林岂用中原逐，濒

海安知上国宾。幻境蕉犹醒后覆，泥痕草带旧时匀。分明不是桃源路，何故旁人说问津。

二十五日　晴。遵海而行，岛屿星罗，所见丰前丰后人家，多依山以居。午后，洋面稍宽，远望山形隐约，帆樯梭织。申正，经明石岛，下有暗礁。酉初，始抵神户。神户旧摄津境，更制后属兵库县，与大阪均属通商要口。自长崎至神户，水程近三千里。峡势湾环，岛屿丛杂，询所称神山奥区也。随雇舟登岸，宿何仰云处，亦办理招商分局者也。仰云在东日久，于该处情形甚悉，畅谈至夜深乃寝（神户口又名茅港海口）。

二十六日　晴。辰刻，梁炜煌来自大阪。大阪府距神户七十里，昨晚仰云以电信约之来，遂于早饭后同坐火车往游大阪。烟云屋树，过眼如飞，约行四刻即至。该处为东瀛繁庶之区，淀川萦贯，设知府一，旱道可通西京。街如棋盘，道亦宏敞。居民约数十万家。河水发源于西京，到此分派数十小河，铁木桥计八百馀。毂击肩摩，相属于道。中有石城，表里濠沟深广，望楼高远，镇兵驻扎。为丰臣平秀吉之所建筑，历二百馀年矣。曩时，寇警必争大阪，亦形势使然也。闲步至花圃，山茶数百本，种类莫名。一体兰叶，宽二寸，厚半分许。据云均来自中土，而加以培护，遂繁密如许。外有凤兰，高八九尺，围圆丈许，非仅为目之所未见，抑且耳之所未闻，诚奇观也。别有一种兰，叶如花，辫于盆外，惜非开时，不知其花作何状。至于松老成龙，梧高栖凤，一花一木，别有雅致。游

坐火车往游大阪

5,10,27

赏半日，命车遄归，则街中燃烛，繁如密星。而车声辚辚，如雷电震惊，至旦不息。上下车处均有洁净大房，为坐客憩止之所。是晚，宿梁炜煌处。何筠如兄以患清恙，不获一晤，亦惆怅也。

凤兰

群花皆孙子，兰祖独擅场。楚骚歌九畹，异品推衡湘。东人善植种，隆冬花亦芳。梅压千枝雪，菊剩九秋霜。牡丹盈拱把，不愧花中王。凤兰更出奇，见之喜欲狂。其高与檐齐，叶润而花黄。顾名思厥义，如愿素心偿。凤为王国仪，兰为王者香。本来臭味合，形迹两相忘。

赠梁炜煌、何仰云

到此停桡好问津，果然交契又重新。山舟品望超殊域，水部风流迈等伦。代步车如安步稳，异乡人似故乡亲。莫嫌海外知音少，极目天涯是比邻。

二十七日　晴。辰后，偕梁炜煌同坐火车返神户。炜煌于路指点，苍山间有人烟孤矗处即瀑布山，惜火车不能停轮，瞬息即逝。沿途田畴开垦，麦秧初茁，弥望青葱。田塍皆白石砌成，罫画井分。沃野平衍，诚膏腴之府也。坐火车返神户考电气报以铜为线，约径分许，用西人所炼湿电，通行字码。或架木上，或置水中，引而伸之，两头均有机器系之。所通之音，傅线以行，虽千万里，顷刻即达。午后回舟。六点钟始开轮东驶。

火车

车声辘辘逐斜晖，四面苍茫入翠微。良骥追风偏就范，游龙无翼亦能飞。路如砥矢长绳亘，山比烟云转眼非。或挽或推都是拙，由来达者在知机。

电报

何须笔墨费心裁，万里传声一线来。山泽皆能通电气，往还原不借风催。人功太巧天应忌，字迹无多意已赅。弱水三千飞渡便，为侬通信到蓬莱。

二十八日 晴。舟行内洋，出茅渟，经良田、濑户。濑户译言海峡也，属畿内道。遥望南部诸岛，群山纠纷，渔艇贾舶上下出没于波涛中。惟见布帆远扬，时隐时现而已。

二十九日 晴。舟东行，经伊豆折而南，过熊野岬。再东南，历横根岛、神子元岛、三元大岛，转东北，溯相模滩、观音崎乃抵横滨。行李上岸，司关者倾箱倒匣，查点綦严。托办理招商分局之罗朗卿代觅旅寓，渠坚留下榻伊处，供给丰隆。是晚，晤领事范君如蕉，相与剧谈，东事甚悉。按：日本自明治六年始易服色，朝会但以免冠为礼，冠或肘挟、或手执，其制皆狭长，前后锐而中尖，以白黑羽为饰。毡衣革履，或蹙金线于袖，自肩至腰，斜披以红绿白绫。文武臣并佩剑，有勋爵者佩宝星。新年朝贺，各公使并在列，见客趋于前，但一握手通殷勤。入朝进退，皆三鞠躬，无拜跪礼。盖悉遵西制。故西人虽或非笑之，而以其同制，又未尝不亲而昵之。然彼族士大夫家居，犹无不易旧衣，此亦可见人心之不尽从之也。

抵横滨登岸

5,11,1

泊横滨二首

摩荡风云久，而今破浪来。鱼龙惊变化，阛阓信宏恢。万顷波光阔，千寻火树开。犬牙相表里，应望济时才。

滨海横前亘，山形接半空。树青深浅色，帆白往来风。画稿添新本，浮踪笑转蓬。东畿凭眺望，背倚夕阳红。

十一月初一日　晴。乘火车往游东京，计程七十里。凿山填海以通铁路，中途阻水，架木桥里许，共费金钱五十馀万，工亦颇劳。距京数里许，车即停轮。换马车历游。城市人烟稠密，街道宽宏。日本通国以武藏、上总为坦沃。旧时江户本远山集所居，德川家康初起参河，丰臣秀吉语之曰："江户霸气之所钟，子宜筑城居于是。"家康遂徙焉。德川氏还政，参与大久保利通请迁都。越明治元年，遂东迁，因幕府为宫殿焉。凡东京府所辖之户，四十三万六千馀。傍晚至一处，树木扶疏，路傍有牌止车，遂下车步行约三数里。山势双分，中辟大道。西山树木阴翳，禽鸟啁啾，昔人诗"乱入池中看不见，闻歌始觉有人来"，若以"池"字易一"林"字，举状此处殊确。东山老木杈枒，虬枝盘曲，皆数百年以上物。夕阳红映，树影萧条，归鸟寻巢，千百成群，无异雁行之列阵也。按：东京即武藏州之江户城，旧为将军府地，最为关东形胜。山内有旧将军故冢、旧署，拟往访寻，而暮色迷离，树林中疏磬晚钟，铮铮互答，循途而归。得先所止车处，另雇车出。东京沿街燃电气灯数千百盏，如两行红烛，殆所谓夜夜元宵，乃有如此火树银花之璀璨也。十一点钟始返

乘火车往游东京

东京即江户城

横滨。

东京妇人

高髻云鬟大袖垂，少年裙屐亦丰姿。项前涂粉连胸涴，背后拖绅称体宜。可惜双眉芟以尽（日本旧俗：女子已嫁，必剃眉涅齿，近虽弛禁，犹有沿旧习者），生憎皓齿涅而缁。无襦无袴休嫌冷，只为心肠有热时。

东京女子

修眉皓齿发如黰，犹是云英未嫁身。豆蔻含苞宜带雨，海棠为屐距无尘。金诃贴乳唐妃子，罗袜凌波晋洛神。不愧此邦为日出，胜他南国有佳人。

初二日　晴。早起，远望房总诸山，晴岚漾波，山风吹袂，殊可爱人。饭后，访旧识日友之麦布雅各，晤面亲密，拳拳可念。随拉游东畿全城，窥其要领，馀悉笔谈。按：日本创国周秦，通使于汉，修贡于魏，而宾服于李唐最笃且久。其时虽亦自帝其国，然以小事大，喁喁然向风慕义，礼仪益虔。常遣子弟入学中法，用克涵濡圣化。盖缘是人文彬蔚，视高句骊、百济、新罗诸国为殊绝矣。五季衰乱，日本之聘使始绝。而彼亦内变驯起，判分南北，裂为群藩，豪雄擅命，波谲鼎沸者，历更七八百馀年。其间若平氏、源氏、北条氏、足利氏、织田氏、丰臣氏、德川氏，皆迭衰迭起，倒执魁柄，国主孱弱，垂拱于上而已。中国自元世误用降将，黩武丧师。有明中叶，内政圮坏。奸民冒托倭帜，寇掠沿海诸郡县，遂使彼益轻视华夏。夜郎坐以自大，中国亦务拒之。如以堤捍水，以墉御

日本政权更迭

5,11,3

风，情谊乖睽。一二商民往者，又绝无一高识之流。况仅我往而彼不一来也。鼎革之际，朱氏舜水东渡，彼族学者，奉为宗师，其翘楚已。后亦无复有继之者，音问几至隔绝。明治维新，修邦交之礼，盖自是始有圆衫屐齿来观上国之光者，余始得遇而识之也。晚归。酣睡初醒，拟作数绝。

东京杂咏

居然半壁奠金瓯，到此无妨往迹搜。灭裂冠裳尚西律，教人无奈起深愁。

一衣带水径相通，屏蔽东藩等附庸。太息唐时旧典物，泱泱留有古齐风。

东照宫前日易斜，石灯璀璨树槎枒。山僧寂寞门常闭，幽鸟投林客忆家。

何幸生涯水作田，鱼苗种遍几经年。珊瑚网得真堪重，街市争售海错鲜。

侵晨针表失常度（东洋天明较上海早一点钟），沧海桑田转变多。一样严冬分冷暖，天时如此奈人何。

欲觅花砖索影无，疏棂带水尚堪娱。客来席地先还跪，瀹茗同围小火炉。

绕屋扶苏半倚池，小园丘壑路参差。楼中歌舞飞觞候，坐对浑如画里时。

一枝梅向客窗开，有脚阳春海外回。我欲按图访遗事，惜无人晓话头来。

初三日　晴。辰后仍乘火车往东京。至公使衙门拜晤 住东京 拜晤星使何子峨、张鲁生两星使，蒙款宴甚殷。以横滨至东京火车往返费事，留住署内。并晤参赞黄君公度，得读其《日本杂事诗》，采录风土甚详。是晚，与两星使畅谈，至三点钟始就寝。

赠何子峨星使

瞻韩愿遂喜追陪，东阁梅花一例开。力障狂澜天有柱，眼明弱水海为杯。象占星使昭清汉，气挟日廷震迅雷。小国共球从此集，和衷端赖出群才。

久居清要证仙班，高唱皇华出海关。异域共钦苏属国，神州重驻白香山。能将文教开风气，直以尊攘慰圣颜。衣上蔷薇清露洒，芳踪他日好追攀。

赠张鲁生星使

一曲皇华唱远征，手持龙节驻东瀛。匡时有策天河净，破浪成功海气清。回纥自应钦德望，鸡林何止慕诗名。乘槎事业君家惯，可许人来步后尘。

戎马书生是故吾，浪浮一舸到东隅。廿年未遂乘风志，万里求观益地图。敢托龙门称后进，甘随骥尾问前途。相期指点迷津路，游遍娜嬛愿与俱。

游浅草寺

初四日　何星使派委员张仲访同游浅草寺。寺极宏敞，距寺里许即须下车。植木为栅，栅内两旁列肆，百物齐备。人语啁嘲，与木屐声聒耳互应。寺门外有灯笼二，高约二丈。礼佛者入寺门，以钱掷木椟内，合掌喃喃，不知所诵何咒。寺侧另有关壮缪祠，楼竖一横匾题“浩气”二字，字高二尺，苍劲挺拔，见系日本七岁童子所书，未

5,11,4

知信否。绕寺而西行半里许，有花圃曰“浅草园”。园之大，约有十亩，竹篱茅舍，境极清幽。园外有山巍然。俯瞰杉松万本，翠袭衣裾，夭矫如游龙横亘天末。入园数武，循檐而西，有晚菊庄。菊花数百种，不独存傲霜之枝，而残花未萎，饶有东篱风味。花大如钵，本高于人，即非靖节闲情，未有不爱此隐逸之品也。折而之东，小室数楹。瑞香、橘柚、香橼之属，皆以小盆植之，高不盈尺，《礼》所谓“物以罕而见珍者”也。将入院门，清香喷馥，沁人心脾。幽兰数十盆，花箭齐吐，入室闻香，徘徊不忍竟去，少憩片时，小童导入一亭。山茶含葩半吐，杨妃吐舌，西子含颦，与夫金盏银盘、色子间、一捻红、遍地锦之属，色色具备。时游行已久，口渴思茶，适当炉少妇捧盘匜而来，跪进香茗，如琼浆玉液透过十二重楼。渴者易为饮，诚然诚然！绕园而东，见纸糊木棚，遍覆檐沿。园丁逐一揭视，则下皆土坑，内置珠兰、茉莉、夜来香诸品，盖所以蔽风雨也。其护养之者至矣，宜其花之独繁茂于中土哉！

题参赞黄君公度《日本杂事诗》后

神仙自昔说瀛洲，我亦乘槎泛斗牛。安得慧人加累译，一从蛮语解啁啾。

洒落丰仪黄叔度，汪洋万顷浩无涯。怀中握有灵珠在，写出生花绝妙词。

八十三州夸版籍，二千年后裂冠裳。不凭周处编风土，数典谁知祖已忘。

自从长庆购鸡林，香爇随园直到今。他日新诗重谱出，应看纸价贵兼金。

初五日　早，微雨。与日本大夫藤原氏谈及初一日所游之地，知为上野。午后雨止，命车复游，顺道至东照寺。寺建山巅，四面苍松乔木，阴蔽天日。中甃石级，曲折盘旋，两旁皆竖石灯，如庙中之香炉式，身略小而高过之，约数千盏。近寺则以铜为之，古色斑驳，望之如武仗森严。绕寺之后而下，石灯排列如前山。有树本为草所拥覆者，询之知为移植。抵山之麓，前有一湖，榆柳环堤而植，下设木凳，以备游人憩息。湖心有亭，一苇之杭可以得达。时日色含山，暮烟凝紫，归鸦数点，噪息林端。忽闻水上发声，则水凫野鹜，惊起群飞，纷不知其几千万翼。呼仆策车，初月如眉，疏灯照眼，归署已七点钟矣。

复游上野及东照寺

日本藤原大夫之敬索诗，书此赠之

壮年书剑走江湖，求友嘤声到处呼。地隔全凭诚意感，文同不碍土音殊。君储重价求长庆，我本轻才愧大苏。幸有知心逢海外，相将携手到蓬壶。

初六日　晴。昨游东照寺，归途车夫指檐牙高矗处谓余曰：“此教育博物院也，明日曷往观乎？”余曰唯唯。遂于辰饭后，携仆往游。距院里馀，遥望有红旗飘扬于半空者，近前视之，立石人一，高近丈许。下设一石池，中藏机械激水上喷，水清如镜，可鉴人也。院外有方井一，深三丈馀，方广二丈，内有熊、罴各一，上以粗铁柱纵横冒之。阱中有小井，可资其饮浴，食物则自铁柱隙中掷

游教育博物院

5,11,6

下。熊、罴皆高近丈，毛黄黑色，见人欲咥，狰狞可怖。绕阶而西，即抵院门。门者每人授竹签一，任其入内。院宇宏广，分屋置器。每屋设小木椅数张，以为学者之所坐息。方者矩，圆者规，权衡斗量，寻尺皆备。其有神明于规矩绳尺之外者，口所不能言，笔所不能载，皆有一式，备人仿制。泰西机器之属，若火车、火船、织纴、针缝等器，均具体而微。苟能一二寻绎其意，不难别创一格，以驾夫前人之上。若斤斤于尺寸分杪间规仿之，尚属步人后尘，不免泰西之齿冷也。由院之右入后栋，分屋五楹。中间储窥星镜、测天仪、地球大小各数十具。中之左为置鳞介之屋，虾须粗于人臂，蟹螯大于车轮，龟壳可以为床，鱼骨可以支柱，非目击者几疑所说之诞。左之左为虫豸之类，大者蜈蚣长丈，螯蝎如羊，倘生致之，人几不敢立近。从屋右登楼，左楼为绘画室，丹青水墨，钩勒工细，均妙写生。以显微镜窥之，高下大小不差杪黍。楼之中楹，悬铜人图四，正、背、左、右各一，穴络分明。范土为人而剖其腹，血肉狼藉淋漓，其中脏腑经络逐一位置，另有小图，各肖其状。倘医者于此细心研究，于治病之道，思过半矣。右楼为储书之所，锦函玉轴，满架牙签，任人翻阅。半系该国典籍及泰西之书，虽欲以裨实用，而蔑弃圣教，大叛其先崇尚汉学之心，识者嗤其无足观也。从右楼下，入院之右，蜀锦齐纨，杭绸湖绉，以及外洋之呢绒、羽缎，色色备具。若者紧细，若者稀粗，若者悦目而不堪久留，若者适体而较为耐久，一一区别而详载之，

陈列种类繁多

以便入市购买不受人欺，法良善也。纵览竟日，坐东洋人力车忍饥回寓。

东洋车叹

前行无懦，尔挽我坐。有钱乘轩，无钱负驮（一解）。问谁为此，出自东洋。可以代步，不误周行。驰驱若马，我心忧伤（二解）。岂无伧父，逢彼之怒。车夫上前，谓公勿怒。驷马高车，胡弗驾驭。将就上车，勿碍人路（三解）。

5,11,7

谈瀛录卷二　东游日记下

初七日　晴。将入市购买古书，东人邀观其劝工场，借便市物。细询其故，则该国购地百馀亩，以为劝工之所。凡有奇技异能创制器具者，许于此设肆货卖。故物之良者、难致者，举集其间。价皆划一，虽使五尺童子适市，莫之或欺。于是驾车往观。至则百货骈列，类皆精巧新奇之物，每物一种，列为一肆，如金银铜锡铁器、竹木器、磁器、髹漆器，各从其类，每类不下数十百家。非物之佳者不入场，即入场，亦无过而问者。斗巧争奇，令人目炫意骇。其设是场也，欲使人各竭其智巧以争胜，所以奖其能而愧夫不能者，斯其所以以“劝工”名乎？尤足喜者，中土书籍亦群萃于此，如《四库全书》、《图书集成》、《佩文韵府》等，无不皆备。更有中土终老穷经而未得一窥之书，如《易经注释》约三百馀种，其他类是。余尝闻日本喜购中土书籍，未之敢信，观此，则人言真不

驾车往观劝工场

我欺。又有兵学书，凡海陆军士，有官学校专以教帅兵者。凡地之险要、器之精良、阵之分合、兵之进退、营垒之坚整、手足之纯熟，一一有成书。绘以图，贴以说，一览可知，不啻聚米之为山也。日本古无文字，《古语拾遗》曰："上古之事，但口耳相传，自王仁赍《论语》、《千文》来，人始识字。"《国史案》云："初教汉文时，悉皆指象以名，盖其难矣。"然其时汉籍初来，令王子大臣受学，仅行于官府。而至唐时，表疏章奏，皆有可观。即私著之书，若唐开元时，马道手箱《华严经音义私记》，以和训附注其下，尚无假字。盖日本学汉文虽甚难，而文只一种。王、段博士接踵而来，遣来中国受学诸生，又皆敏慧之材，故能自成文章，斐然可观。至唐德宗朝，僧空海欲民便于用，乃借汉字"伊"、"吕"、"波"四十七字以附土音，创为"亻"、"口"、"八"，皆在支微、歌麻二音，点画又简，易于书识，侏儒错杂，遂别成一种日本文字。髫齿女子，缘是亦解涂鸦矣。

日本古无文字

劝工场

先庚先甲不愆期，正是群工列肆时。谁向宝山收众美，争从艺圃斗新奇。引人入胜依于法，小道可观自作师。十万金钱难买尽，徘徊欲去眼迷离。

初八日　晴。麦君约晤各东人。初见若甚骇异，既而与之笔谈，并有通晓汉语者，相与谈论甚洽。日逐结群来访，遂一一问其居处，前往回拜，无不祗候于门，款接殷洽。后晤一品川氏后裔，留余午餐。席间谈及博物院，渠

5,11,9

谓此为教育博物院，所以使学者即物穷理，广见闻，增智慧。甚于是乎，赖即遵贵国所谓“格物以致其知”之教也。若欲纵览夫璆琳琅玕、珍禽奇兽以及同物异形、远方异种之属，则另有一博物院，明日当同往一观。于是殷勤订后约而归。

赠品川供使

扶桑国里有遗贤，往事洋洋道德川。大局默持胸有竹，新诗遥寄舌生莲。天涯知己浑疑梦，海外才人即是仙。我比飞鸿归去速，惯留处处雪泥缘。

和藤原大夫

呼朋掎袪到瀛洲，也学飞觞互唱酬。国比辅车盟莫渍，谊联唇齿气相投。欲同祖逖三更起，恨不平原十日游。聒耳骊歌声太促，何时再唱大刀头。

初九日　晴。辰后，品川君来寓，遂同往昨所言之博物院。至门，渠出金片一授门者，门者每人各送一筹，以凭入内。抵二门，司阍验筹放行。内有园，园大数十亩，为院十有几。其中歧途纷岔，路旁植木牌，牌画手指，入者视牌手所指处迤逦而进。初为彝器院，其传国之宝，若镜、若剑，及各国衣冠制度在焉。尚有汉唐时颁赐该国王金印一，蛇纽，方寸，文曰“汉委奴国王”，云筑前人掘土得之。考《后汉书》云“建武中元，委奴国奉朝贡衣物贺，光武赐以印绶”，盖即此也。其二为金石院，金银铜锡五金胥萃。外有各国所出矿石，若者为金银苗，若者为铜铅铁锡苗，皆书明。矿土石凡数千种，玲珑透澈，皱

偕品川游博物院

瘦清奇，或以坚固胜，或以柔脆长，斑驳陆离，如洞天一品，足令米颠下拜也。空青石数十颗，中含人物、鱼虾、花草、竹木，皆置玻璃匣中，目可得而望，手不可得而玩也。再入则制作院，筑堤、造桥、浚河、造舟车，诸机器萃焉。而堤形、桥形、舟式、车式，无不悉备。或以竹木作成，或以泥土抟塑，无不象形维肖。力田制艺者，则耒耜锄犁，凿锯斧斤，无物不备。各国之用不同，即各国之式互异，一一详注其上。《考工记》无此赅博也。由制作院而西，则有植物院。百谷、果实、瓜蓏、加非、茶茗之属为一院，药物为二院。木本、草本、藤生、蔓生毕具。何者为真，何者为赝，某种出何处，某种为何名，无不逐一记注，以备考验。鳞介之院二，鲲鲕鲨带，鲟鳇鲦鲫，大小咸具。有翼而能飞者，有足而能走者，有如人面，有如犬形者，《尔雅》未克尽举其名，《海经》莫能悉穷其状。鼋、鼍、龟、鳖、虾、蟹、蚌、螺之属，较教育博物院所见者尤大。飞禽虫豸之院二，凤鸾鹫鹭，吐绶山鸡，毛采灿焉。鸡尾有长二丈馀者，蝙蝠之翼大如车轮，其馀奇形怪状，了不可以殚述，非逐物签明，几九一可识其名矣。走兽之院二，角者吾知其为牛，鬣者吾知其为马，犬、豕、豺、狼、麋鹿，吾知其为犬、豕、豺、狼、麋鹿，麟、狮、虎、豹、猩猩、刑天、貘豸等兽，昔则仅知其名，今皆目击其状。猿狖有三十馀种，大者逾人，小者如鼠，狰狞凶恶之状，森森欲攫人。其馀各兽，不惟其状为生平所未见，即其名亦生平所未闻。其内为珍宝院，火

植物园

动物园

5,11,9 珍宝院

齐木难，珊瑚翡翠，充实其中，要皆希世之珍，以玻璃匣锁之，任人平视。院之外为囿，囿之东畜熊、罴各一，狐狸、獐、兔列屋而居，均以铁柱为窗，豢养而驯扰之。西囿则红冠之鹤，翠羽之鸾，鹭鸶一双，飞鸣上下。一物蔽窗而黑，以手拨之，振翼高飞，审视则蝙蝠，身大如羊，若蓄之小屋，将敛翼而不得舒展。鸡尾长丈馀，始知先在院中所见之长尾鸡，非接续而成之者也。囿中有池，一泓澄澈。呼名之鸭，或红如渥丹，或蓝如泼翠，均异种也。巡视甫周，而守院者以扃门告，循途而出。惜匆匆一游，未及一一手笔记之，以为他日补注《尔雅·葩经》张本，殊属恨事。

博物院

君不见，古有宋人重燕石，珍藏缇巾用什袭。又不见，楚王门下献璞玉，无端两刖卞和足。大抵遇物不能名，轻将美珠等鱼目。东人立法亦孔嘉，民有异物献公家。羽毛鳞介金与石，求遍山巅与水涯。一室罗列相参伍，怪怪奇奇难悉数。娜嬛来读未见书，妇竖亦得争先睹。中国本为天地枢，菁华独萃之膏腴。地道由来不爱宝，散而不聚有若无。《博物志》、《山海经》，独留虚名与人听。吁嗟呼！何不略亦如东人，书其名而存其形。

和品川君

客槎浮到海天东，萍水因缘证雪鸿。把酒频呼莺燕侣，论交何虑马牛风。琴堪作伴声相和，笔可谈心意已通。对月飞觞须尽醉，当筵一曲剑光红。

日本女校教以西学

初十日　晴。查日本有女学校，亦教以西学。乃明治九年，国后出藏金，命择士族、华族女百人，延师教之。又有幼稚园，皆教四五岁小儿。鸟兽、草木、日用器具，或画图，或塑形，教之以名。教之剪纸、画罫、抟土偶、折叠方胜、习字、歌诗。陈一切蹴踘、秋千之类，于放学时，听之游戏，以奖诱其心，节宣其气。坐立起止，皆若以兵法部勒之，泰西之教法也。惜匆匆不及一往观耳。辰后，辞二星使，仍坐火车回横滨。至停轮处，遂闲步返寓，中途望有林木阴翳处，循路而往。至则梅花绕屋，不仅三百株。入门而西，牡丹数百本，芽茁如椿。小盆梅花，皆已破萼。疏影横斜，暗香浮动。使林处士见之，当视为孤山终老也。未初抵寓。罗朗卿出纸数十卷，皆东人所托书者。伸纸挥毫，至十二点钟甫毕，两腕如僵。宿旒之丑，不能自匿。忆山舟学士有句云："从今誓斫工倕指，懒作供官待客人。"辞虽谦而实傲也。

观大铜佛遥望富士山

十一日　晴，朗卿邀观大铜佛。马车行二点钟约三十馀里。一路山水清幽，树木丛荫。遥望富士、火焰诸山，历历可辨。富士山即雪山，虽炎夏积雪不消，与火山相对。铜佛身高三十九尺，径广约十六丈有奇。露处平台，翘首跂足，始克望其肩背。近前摩挲，首仅平其膝下。僧云"神功皇后物也，一千八百馀年矣"。昔周世宗毁铜佛铸钱以济民用曰："使佛真身犹当慈悲割舍。"倘日人仿之，亦可使青蚨飞布，借富穷氓也。日本屋宇、器具，皆精巧细致，而均以小见长，惟此佛巍然独大，故往来东瀛

5,11,12

者无不争欲快睹也。按：日本所称三山者，富士山而外，加货白山、越中立山而已。水惟信浓河较长。国中虽少高山大泽，而林木丘壑大有佳处。闻陆奥之松岛、丹后之天桥立、安艺之宫岛，尤山幽云秀，怀奇抱颖。惜未能蜡屐一游耳。游毕返寓，已日色昏黄矣。

富士山（又名莲峰，高一万三千尺）

撑天形势雪微茫，月照琼楼分外光。似抱冰心行素位，全无灰劫换红羊。千寻玉树经秋冷，五月梅花趁夏凉。不染人间炎热气，白莲世界赏孤芳。

火焰山（遥望之黑烟盘盘。国中常患火灾，以板屋故也。巨室皆有土库，傅之以铁）

乱峰高耸出云霄，不戢自焚匪一朝。雨露多恩烟未熄，乾坤为炭土常焦。可怜卷石因君烁，岂有中原畏尔燎。独逞炎威何所用，雪山当面尚难销。

十二日　阴。何子峨、张鲁生二星使由东京坐火车远来送行，遂同集于中华公所茗谈半日。两公均以书、剑、地图等见赠，并候送江干，良足感也。午后登舟，范、罗二君同至轮舟，三叠阳关，依依饯送。天涯海角，萍水相逢，判袂一时，盍簪何日？江文通谓“黯然魂销者，惟别而已”，往复斯咏，益用惆怅。申初开轮。回望诸峰缥缈，犹留恋而不忍径去。 乘船离开横滨

横滨留别

高唱刀环第一声，隔宵按日数行程。翻寻旧稿清诗债，打破新愁战酒兵。愧乏文章传海外，幸留泥雪在蓬瀛。从今

收得丰城剑，碍道荆榛概削平。

十三日　晴，大风。舟行内洋，亦觉簸荡。早起，凭窗闲眺，忽见远水旋波，时隐时现，注目凝睇者久之。则一二巨鱼露脊，长二三丈有奇，逐浪奔腾，旋复飞出水面。鱼本潜物，而忽飞跃，识者谓今日风浪作恶，即验于此。舟行欹侧，从人多坚卧不能起。是晚微雨。

卧浪

浪里行舟太簸扬，欲行伛偻等循墙。希夷好道只贪睡，仲子居陈也绝粮。炫出眼花开幻境，呕来心血吐诗肠。纵然清吸一杯水，故态犹如鳖饮狂。

船抵神户

十四日　舟抵神户。夕阳在山，见异邦人倚岸聚而相话，惜不克通其语言。日本为中土语言有三种：曰吴音，曰汉音，曰支那音。汉籍东行，经生博士悉由口授，是为汉音。唐宋之世，彼族常遣髡徒，衣缁戴笠，云游吴越，归授其徒，皆口传经典，是为吴音。中外通商以来，英、美之人称中土音曰支那音。其学者据我字典，译以彼文。日本之通西字者，复从其书以求华音，亦沿其称，是为支那音。然彼士大夫之通汉学者，虽时操汉、吴二音，大抵近闽、浙之漳泉、乍浦，变而愈远，实不可辨。殊不知闽、浙土音，本异中原，而东人乃误以为正音也。夜暇，将东京所见者志之以诗。脱稿就寝，心绪殊烦闷也。

东京竹枝词

轻圆石子本晶莹，上衬轻沙贴地平。处处清尘常沃水，自来灯火到天明。

5,11,14

闬闳高大究何曾，门户如窗跣足登。惟有小楼精以洁，客来请上第三层。

家家构得小楼台，窗槅临风四面开。客到不妨同席地，杯盘跪捧献茶来。

怪他女仆解庖厨，不管罗敷自有夫。拍手呼来如响应，便宜官许雇人需。

云鬟螺髻斗新妆，风流也称小蛮装。剃眉涅齿相沿久，道是人家已嫁娘。

用夷变夏竟何如，为问东施效得无。漫笑侬言多卤莽，还期大事莫糊涂。

步上歌楼卖酒家，呼来小妓是蛮娃。怀中抱得纤腰鼓，不用椎敲用手挝。

明眸皓齿态嫣然，不避生人入绮筵。笑语相迎懒作答，故持牙板弄三弦。

脸波横处水盈盈，称体衣裳楚楚轻。几辈嬉游惯成队，觑人笑指南京生。

白足娉婷踏踏歌，衣香人影两婆娑。巫山可恨无重译，言语难通可奈何。

纤弓短箭坐登场，左右奔趋是女郎。中得雀屏如击鼓，好将轶事话隋唐。

全凭游戏作生涯，十二僚丸一局开。弄玉人来思弄玉，等闲引上凤凰台。

小车代步快如梭，健仆无衣尽力拖。若要中途行缓缓，须操倭语叫唆啰。

登岸往观瀑布

十五日　晴。侵晨即上岸，至何仰云处。适梁炜煌亦来自大阪。饭后雇车往观瀑布。初行十馀里，绿槐夹道，翠柳环堤，仿佛春深风景。抵麓下车，缘山迤逦而上，飞桥隐隐，高接烟云。近视则劈分双峡，峭壁崩崖，俯瞰万仞。刳木而凹其中，支以渡水，借水势下趋以激轮，轮动而轴转，用以舂米碾麦，殊省人力。近山人家，均引泉为池，水清如镜。瀑布一在山之阴，一在山之阳，故土人以雌雄分之。远闻水声潺潺，万窍怒号，震耳怵心，如飘风疾雨之骤至，寒气砭人肌骨。既抵其处，匹练悬空，如玉龙数条，蜿蜒天际。人烟数十户，三五成村。酒肆茶寮，当炉均以少妇。入室少憩。开窗凭眺，银涛雪浪，泻玉喷珠，取九天银河置之于几席间作玩。时虽葭琯潜飞，而东西异地，即寒燠异时。如吹邹子之律，黍谷业已回春。缓带轻裘，殊有暖意，解衣磅礴。肆中以丹橘进，连啖数枚，味甘而微酸，全橘无子，亦异种也。醍醐灌顶，凉沁心脾。

游瀑布山

倭国险要推神户，炮台重锁门户固。依山傍水一万家，后市前朝若棋布。南行数里瀑布山，流泉直喷山腰间。玉匣飞出两龙白，终古不息水潺潺。我闻郑公朝夕往来风，又闻雷声初起辨年丰。阅尽山经海国志，未闻瀑亦分雌雄。雄瀑直泻势苍莽，山为之鸣谷为响。白云高拥丈人峰，玉柱倒持仙人掌。雌瀑先隐而后见，苍翠丛中悬白练。一幅疑拖湘妃裙，寒光如抽龙泉剑。在山泉水本来清，阴阳二

5,11,16

气妙合成。切莫流到人间成巨浪，终宵撼作不平声。我来此处俗虑空，一声长啸谷生风。忽闻丝竹之声飞到耳，幽人只在此山中。山径萦纡如螺旋，无数亭台耸翼然。檐牙屋角引流泉，千声水碓抖寒烟。人影在山夕阳暮，归时不是来时路。伊谁唤此作可别（倭人呼神户为可别），我却徘徊不忍去。

和梁炜煌茂才

全局安危系一身，壮年书剑走风尘。久将海岛胸中蕴，直把螺纹掌上陈。马援筹边工聚米，绕朝赠策岂无人。一编何异百朋锡（承以东洋臆说见示），石上三生证夙因。

炜煌频频索诗，叠前韵赠之

江湖犹是庙廊身，潇洒胸襟不染尘。倭国河山经擘画，交情胶漆感雷陈。南塘而后谁名将，东道于今有主人。八月乘槎消息近，他年鸿爪认前因。

十六日　晴。乘火车经大阪至西京。日本旧都，为畿内山城国境。因记周秦以前，东海群岛皆虾夷所居。中人泛海东渡九洲，始有流寓。迨徐君房来，挈男女数千，生聚蕃殖，遂成都会。故说者谓日人本中土苗裔，即日人宽文中作《日本通鉴》，亦谓周吴泰伯后。乃源光国驳之曰："谓之泰伯后，是以我为附庸也。"遂削之。至赖襄之作《日本政纪》，并徐君房来亦屏而不书。夫源氏谓有不知，阙疑可也。若君房之东渡，明明载之《三国志》及《后汉书》，又何必讳乎。西京以山为城，无城郭雉堞之制，周环数十里，气象殊狭。山水之奇，为生平足迹所 乘火车至京都初历。昔年奔走南北数省，尝谓桂林山水甲天下，到此颇觉所见之隘。惜轮舟约于未初开行，不克周览，匆匆返驾。计往返四五点钟，所行已三百馀里矣。午间返至仰云处。神户领事廖君枢星邀饮，未往。而轮舟改于晚间开轮，至十点钟始回舟。舟中望明石炮台，月影蒙蒙，霜风刺骨，瞬息过去，殊未甚明了也。

游大阪府

何止人烟十万家，海隅风景亦繁华。平铺沙石街心阔，遑论阴晴屐齿哗。火树着花城不夜，歌楼卖笑客为家。虹桥九百凭谁信，遮莫同侪笑我夸。

十七日　早，天阴。辰后，历长门平户岛入平户后港。元至元中，范文虎、阿塔海帅舟师渡海东伐，克对马、壹岐，乘胜进攻平壶，遇风，舟覆。考之地势，盖即此岛也。群山联翩，彤云密布，登楼四望，烟雨溟蒙。《诗》曰："如彼雨雪，先集维霰。"少顷，玉龙交战，"败鳞残甲满天飞"矣。

至鹿儿岛稍停

十八日　半阴半晴。巳刻至鹿儿岛，轮泊约四点钟。启行后，重见诸山竞秀，澄波倒影，如读荆、关画图。在峡中似觉逼仄，舟忽经此，心目为之豁然。

舟中感作

流水抽刀断，乘风万里行。愁深嗤海浅，身重讶舟轻。世路险何仄，波涛撼不平。扣舷发长啸，狂惹蛰龙惊。

闻沈葆桢病逝

十九日　微雨，日中雨止。申初，舟泊长崎。仍至广裕隆晤潘镜泉兄。阅申报，惊悉沈制军于十一月初六日大

5,11,20

星殒地，不禁失声长恸。

哭幼丹制军

三年供役枕金戈，腰剑从新属我磨。航海自嫌谙事少，问心殊觉负公多。未将实境输边策（春前报起程，蒙“有深虑远识，探诸实境”之批），转向征途唱挽歌，天不慭遗悲此老，凭谁只手挽颓波。

及人恩泽久濡涵，功德长留不朽三。国步艰难臣易老，知音寥落我何堪。先忧后乐心弥苦，尽瘁匪躬节乃甘。噩耗遥闻放声哭，随潮血泪到江南。

二十日　天阴。镜泉邀游者园。园广十馀亩，依山枕溪，周以竹篱，颇饶野趣。出园登北山，至诹访社登览，极目巨海无尽，殊使人有凌云之概。惜心绪惝恍，不及一吟咏也。旋至观音寺山下，见石碑一，上镌“笔冢”二字，笔势挺拔。道旁多悬画帘，随风荡漾，殊有画意。日本自天武以来，因用浮屠宗旨，禁食兽肉，非饵病不得尝一脔，然不能卒禁也。屠人辄隐其名而卖之，曰药食，复曰山鲸。所悬望子画牡丹者，豕肉也；画丹枫落叶者，鹿肉也。足征事之拂人情者，非其道之至者也。一旦概从简弃，而以强制其情，佛教之积弱，盖由此也。徐松龛曰：“慧光照于震旦，而净土转滋他族。”宜哉！西初同舟。

笔冢

东人未必善文辞，汉字倭音总两歧。毕竟阿谁题笔冢，我来不敢浪吟诗。

二十一日　微雪。狂风陡作，舟已开轮。行数十里，　船行遇风浪返长崎风大浪高，不能出口，仍回轮，返泊长崎。

冒雪开轮出洋因风返舟

冒雪冲风巨舰飞，安危消息界几希。轻将一舵潜回捩，迅激双轮又折归。细数邮程思地缩，从知人事莫天违。茫茫物理参消息，动静都能验化机。

二十二日　风略息。开轮行至绿水洋，风复大作。申酉间，机轮震荡，骇浪如银山耸拔，冒空而来，高从烟囱上过。船旁窗板玻璃有损坏者，上中两舱俱进浪，势极危险。西人阅风雨针陡失常度，虑有变，全船皆惊，竟夕不能成寐。频年航海，入津数次，未有此番风浪之恶。即询之同舟诸人，有自美国旧金山回者，亦云此等飓风从来未见也。余来自吴淞，泛洋历长崎，经内峡至神户、横滨，行万馀里均无恙。设非经此，遂玩风涛而忘涉海之险矣。

出长崎口遇风

海中一岛形如环，峰列屏幛水潺湲。东瀛古有神仙窟，长崎疑是圆峤山。长崎出口浪连天，千军万马声喧阗。铁舰浮沉轻于叶，千寻浪里摇孤烟。风声不息长鲸吼，惊起苍龙水上斗。败鳞残甲遍海飞（时方雨雪），鼓成巨浪如山阜。海中波涛恶如此，轰轰雷声撼不已。群山万壑欲上船，一船如何载得起。同人匍匐蟹爬沙，虽不加餐出必哇。天气冥冥海脉脉，舟子不愿水为家。我本生平夸志气，到此不免蒙头睡。忽闻双轮响砰訇，如斗壮胆几欲碎。四顾却在茫茫里，前途尚有二千里。痴心转恨造物穷，不多生山多生水。山行本是险阻多，谁知水行更坎

5,11,23

坷。安危存亡争呼吸，缩地无方可奈何。回思饮啄皆由天，参破此理便坦然。我涉洪涛仗忠信，不会学仙也算仙。

二十三日　风稍息。午间惊魂甫定，尚摇摇如悬旌。开窗远眺，海与天连，了无边际。甫经出险，对此犹觉心悸。幸海气温煦，如在春仲时节。同人约登舵楼闲眺，因与纵论时事。窃谓东人今方包藏祸心，狡焉思逞。浸忘唇齿之义，岂知吴蜀连和，魏不敢逞。斯义惟孔明与子敬知之，公瑾辈尚不能及也，况倭人乎。

二十四日　晴。过崇明、铜沙一带，风景犹昨，不觉惊定而喜，午前舟抵沪上。晚间附坐江轮，船于次日回抵镇江防营。

是行也，历时一月有馀，往返一万馀里，虽未全窥东瀛形胜，而情伪则亦间有所得。夫以我中朝人民之众，土地之广，物产之饶，矿藏之富，即欧洲大小诸邦，皆莫之与京，岂藐兹日本所能颉颃哉。特人事有所未尽，坐使强邻环伺，世变日亟。彼族既昧辅车之义而生心，曾不思螳螂捕蝉，有黄雀之伺其后也。在彼方自以为得计。窃谓西人制胜之术，屡变益精。舟车则变而为火琯风轮矣；驿递则变而为电信矣；枪炮则药弹相联，前膛变而为后膛矣；战舰则由兵轮而铁甲，且变而为水中行驶矣；水雷则变而为鱼雷矣；火药则变而为无烟矣；窥敌则变而用气球矣；照夜则变而用电灯矣。专门名家之学，方且潜心于格致，且殚其智力以施之于实用。

回抵镇江防营

今日本虽阴谋秘计，思以肆凌上国，构怨同洲，抑知以蜻洲三岛，蕞尔拳石，强自亢厉，适以助其骄而增其悍也。亦犹御者尽马之力，而颠覆可立而待耳。窃意彼如构衅，不于台澎，必于朝鲜。台防不具论，请略详朝鲜之地利附之于左。朝鲜全国内分八道。京畿道之南为忠清道，道会曰忠州。统郡五：曰清风、温阳、临川、宁趣、天安。其地南与全罗、庆尚相接，犬牙交错；东为江原道；西为渤海；西境之南，与全罗道相接处为舒川浦庇仁镇，元山岛斜北对之，群山岛斜南对之，至要隘也；北有端山岛，与京畿道南阳县水原镇相对，中隔一水，亦宜设防。咸镜、平安道之南，黄海、京畿、忠清三道之东，是为江原道，道会曰江陵。统府三：曰襄阳、淮阳、铁谷；郡四：曰通川、高城、阳根、平海。论其要害，聿有三浦：首曰高城浦，旁为通川、高城二郡；由此而西约百里，曰建谷、平海，依海为郡，其海口名越公浦，亦要害地。江原道之东南为庆尚道。东为日本海，南为大东洋海即黄海，其由东折南，则与日本对马岛相直，而为高丽海峡。明时平秀吉之乱，即由于此。道会曰庆州。统府六：曰金海、昌原、密阳、善山、安东、宁海；郡七：曰蔚州、永州、陕州、熊州、梁山、清道、咸阳。其海口则自越公浦与江原道分境而下，盈德次之，柳等浦又次之。若甘浦、包伊浦、西生浦、豆浦、釜山浦，皆沿海要口。釜山与仁川、元山今为通商公地，设防可略。其西南为全罗道，道会曰全州。统郡三：曰南原、云岩、古阜。海口自沃沟与

朝鲜全国分八道

5,11,24

忠清分界，而顺推之，次扶安县，次茂长县。其形势内则虚岩郡，外则黑山岛，重兵扼险，斯为最要。今者，高丽亦已积弱矣。朝廷欲固东藩，其可不如斯亟加之意，遣重臣以代为区画乎？因纵论而泚笔及之，初不自计其词之赘也已。

谈瀛录卷三 东洋琐记上

日本史述开辟原始

史称天地未判之时，有神在高天原，曰天御中主尊，次曰高皇产灵尊，次曰神皇产灵尊，三神为造化之始神。次曰可美苇牙彦舅尊，次曰天常立尊，二神亦称独化。次有物如浮脂生于空中，因此化生，曰国常立尊，次曰丰斟渟尊，二神亦独化之神。次曰埿土煮尊，次曰沙土煮尊，次曰角杙尊，次曰活杙尊，次曰大户之道尊，次曰大苫边尊，次曰面足尊，次曰惶根尊，次曰伊奘诺尊，次曰伊奘册尊。八神为耦生之神，自国常立尊至诺、册二神七世，是谓天神七代。诺、册二尊以天琼矛下探沧溟，锋镝凝结成磤驭卢岛，因名国柱。下居，成夫妇，先以淡路洲为胞，旋生八大洲，馀岛皆潮沫所凝者。此与泰西人《创

日本国史

世纪》称耶和华手造天地万物，七日而成，同一诞妄之谈，不足辩也。史又曰：诺、册二尊见脊令相交，始知婚媾，是为初皇，生大日灵尊、素盏乌尊及国土诸神。大日灵尊御高天原，光华明彩，号曰天照太神。素盏乌尊须髯八握，勇悍害物，太神避之入天石窟，幽居修己。从诸神议，谪居新罗。后神悔过，到出云国簸川上，得奇稻田姬为妻。十七传至大己贵神，　名大国主神。经营国土，谕国人曰：父母可敬，妻子可爱，定医药禁厌之法。天照太神以素盏乌尊子天穗耳尊为嗣，天穗耳尊生天津彦彦火琼琼杵尊。太神将使统治中州，敕天儿屋，命诸神为辅，赐之八咫镜。曰："此丰苇原，千五百秋之瑞穗国，吾子孙永世可王之地也。平之安之，执中勿失，汝视此镜，犹我宝祚之隆，当与天壤无穷。"琼琼杵尊遂到日向高千穗岑营宫，生彦火火出见尊，亦居西州宫。五百岁生彦波潋武鸬草葺不合尊。生神日本磐余彦尊，是为神武天皇。又曰：琼琼杵尊有山幸，与兄火阑易海幸，获潮满琼、潮涸琼二神女有孕，告琼琼杵尊生子勿往视。不听，窃窥之，有卧龙盘儿，惊跃入海。产室葺以鸬羽、茅草，未及覆甍，故号鸬鹚草葺不合尊。尊生神武。此等叙述亦荒渺难稽。按：水户藩源光国《大日本史》、水户藩臣青山延光《日本纪事本末》及赖襄《日本政纪》诸编，纪神武以前事为神代史，既事涉茫昧，即所称神武天皇至崇神天皇，中更儿代，乃尤一事。如循蜚疏仡之世，其为后来追拟，即名号亦有增饰无疑。又若宽文中《日本通鉴》谓为周

出云国

各史书之记载

吴太伯后。古圣贤帝王苗裔散在夷狄者，史氏多有。源光国驳之。至赖山阳《日本政纪》，并徐福亦屏而不书。窃谓中土人浮海东渡，流寓彼境，日久蕃育，亦事理所有。《山海经》记羲和之国，有女子名羲和，浴日于甘渊。《归藏·启筮》曰："空桑之苍苍，八极之既张，乃有羲和，是主日月，职出入以为晦明。"又曰："瞻彼上天，一晦一明，有夫羲和之子，出于旸谷。"古史记黄帝之臣羲和占日。《虞书》记"羲仲宅嵎夷曰旸谷"，《传》称"羲氏、和氏，世为历官"。旸谷取日出之义，为羲仲测候之地，与和仲昧谷取日入义同。今泰西历法，厥初亦传来自东土。则彼或和仲之遗，而此为羲仲之宅，支庶析居荒野，是未可知。况古者青州越海，后分营州三韩，壤地相接。故日本亦称韩中倭，《后汉书》言"倭在韩东南海岛"。自武帝灭朝鲜，通汉者三十馀国，此时谅益通中国文字。后自恶倭奴之名，改号日本，其取旸谷之义更无疑。特中外屡经丧乱，载籍多阙，难于考信耳。至所谓神代史，或不免捃拾方士所附会，是亦置之存而不论、论而不议之列而已。今姑录其所记于此，亦以知诐辞之所蔽，而取其近而似有可征之世纪以备考。

日本世纪

日本各史称其君皆曰天皇，准以名从主人之例。既非自我尊之，亦无庸自我削之。但词涉冗赘而编取简要，非为彼任笔削之事也。今录其所撰世次于后。纪称：

日本天皇传承

崇神（名御间城入彦五十琼。始校户口，造舟船，通水利，遣将军于四道，平定远方，督课男女，国内安丰。）

垂仁（名活目入彦五十狭茅。始禁殉死，作土偶代之。）

景行（名大足彦忍代别。身长丈馀，史尝称其武功。）

成务（名稚足彦。国内无事，人民殷富。）

仲哀（名足仲彦，成务从子。率兵与熊袭战，殁于香椎。其后名气长足姬，居摄。将诸军征新罗，结两髻作男装，祷于天神，渡海征新罗，鼓声震天，新罗主出降。）

应神（名誉田别。王仁初传《论语》，次子菟道稚郎与世子大鷦鷯让位三年，遂自杀以成其志。鷦鷯乃得立。）

仁德（名大鷦鷯。登高见炊烟，痛自节啬刑措二十馀载。）

履中（名去来穗别。始设史官。）

反正（名瑞齿别。）

允恭（名雄朝。始定姓氏。）

安康（名穴穗。为眉轮王所弑。）

雄略（名大泊濑幼武。杀市边皇子，夺吉备田狭妻，人称不道，末年始稍改易。）

清宁（名白发。遣臣巡察风俗，亲录囚徒。）

显宗（名来目稚子。）

仁贤（名大脚。）

武烈（名小泊濑稚鷦鷯。好刑名，临视惨刑，群称不肖。）

继体（名男大迹。劝农桑，举廉节，举五经博士于百济。）

安闲（名句大兄。国颇殷富。）

宣化（名桧隈高田。修屯仓，积谷备荒。）

钦明（名天国排开广廷。怒新罗灭任那，使内臣率舟师抵百济，共伐新罗。始兴佛教。）

佛教始兴

敏达（名他田。尝召使臣于百济，咨复任那，许苏我马子拜佛，曰：勿惑他人。）

用明（名橘丰日。在位二年，马子肆横及泊濑部，遂杀守屋，建营诸寺。日主恶之，马子乃使东汉驹弑之。既不自安，遂杀驹以解。）

圣德太子

厩户世子（性佞佛，党马子，曾莫之问。遣兵屯筑紫，遣使新罗，复立任那。）

推古（名丰御食炊屋姬。为女皇登极之始。厩户世子摄政，建四大寺，兴隆佛教。定冠位十二阶，宪法十七条，始遣小野妹子率学生高向元理等使隋。命诸臣着缙习乐，遗命薄葬。颇能忧恤百姓，惜不能讨马子以正典型。）

舒明（名田村，敏达子。始使贡唐，初定斗升、斤两。)

皇极(名宝皇，敏达曾孙女。考古为政，百姓称之。)

至德(名苏我入鹿。嗣父虾夷为大臣，谋逆。世子中大兄及中臣镰足、苏我仓山田石川麻吕，相谋诛之，虾夷悉焚图书珍宝自杀。)

至德实为百姓对皇极天皇的称呼

自仁德至此凡二十一世，三百三十二年，其初国势尚立，中失驾驭，叛服无常。及后佛教流传，政纲遂益废弛，暨中大兄有功让位叔父轻皇子，立年号，曰：

佛教流传政纲废弛

孝德(名轻皇子。性颇慈俭，日晏忘食。立中大兄为世子，始置左右大臣及内臣。悬钟设匭，以求善言。定礼法，制冠服，悉循唐制。世号修明。)

齐明(世子中大兄母。轻皇子卒，中大兄让之重阼。颇著武功，惜过穷土木，率兵伐虾夷，殁于朝仓。)

天智(名中大兄。齐明卒，素服称制六年。明习治体，务从质朴，治法颇多可采复。在位十年卒。)

弘文(名大友，中大兄子。有文武材。其叔父大海人皇子举兵叛，军败而死。)

天武(即大海人皇子篡立。通晓天文遁甲。建占星台，铸银钱，定服色，制律式，造新字四十四卷。)

持统(皇后，天智女，名鸬野赞良。嗣立后，崇尚儒术。始置女官，赐女内亲王号。传位其孙珂瑠，自称太上天皇。)

文武(名珂瑠。性颇仁惠，始定笞法，禁游手博戏。）

元明（名阿闭皇女，天智之女。分诸郡司，治功殿最为三等。以孙幼，让位珂瑠之姊冰高内亲王。）

元正（名冰高。颇纳谏言，尽心民瘼。右大臣藤原不比等修律令，定妇女服制。三女主号称共主。）

圣武（名美麻斯，珂瑠子。陆奥虾夷反，遣将讨平之。醉心佛法，造七层堂，置国分寺，自称三宝奴。僧元昉蛊惑其母出入内道场，丑行无忌，以致藤原广嗣愤恚谋反。国人始患痘疮。）

孝谦（名阿倍。好佛无度，屡幸东太寺会僧。让位天武之孙大炊王。）

淳仁（即大炊王。时母后犹专政，宠藤原仲麻吕为紫薇内相，赐姓名惠美押胜。寻宠僧道镜，押胜谋叛，伏诛。道镜为大臣禅师，淳仁见废。淳仁尝令国司每年交替，三年检校治绩。敕严备安禄山，点诸道船三百九十四，兵四万七千，习骑射阵法。孝谦再祝发，乃再临朝。）

高野（即大炊王子。道镜为大政大臣禅师，令文武官拜贺。寻授法王，位在正一位上。将议禅让，遣和气清麻吕等受神语。清麻吕奏神语："君臣分定，道镜何得觊觎神器。"道镜怒，更其姓名曰别部秽麻吕。屡兴力役，刑法峻急。）

自孝德至此传十一世，一百二十五年。纪纲浸弛，日本号称衰乱。及光仁继起，始稍清明。

光仁（名白壁，天智之孙。初官纳言，纵酒自晦。及即位，首贬僧道镜，召还和气清麻吕。定常平仓，赐位贱卖私稻者。） 光仁继起始稍清明

桓武（名山部承之。迁国山城宇多，埋土偶人于东山镇护之。诏禁私立寺、舍田及葬仪逾等。命诸学士学汉音，置劝学田。颁新令四十五条。）

平城（名安殿。好学勤政，敕诸王五位以上子弟皆入太学，分业教习。禅位神野。）

嵯峨（名神野。藤原仲成奉安殿走东国，神野诛仲成，不问其馀。敕皇女有智子内亲王祈与安殿辑睦，绝僧尼无行者。时僧空海创道场于高野山，曰金刚峰寺。佛教转行倡盛。）

淳和（名大伴，安殿弟。安殿禅位曰："朕视太弟犹子也，立安殿第二子为皇太子。"会太学诸生于紫宸殿讨论经史，著为令。既卒，遗命荼毗散灰大原野。）

仁明（名正良。颇好经义，自讲尚书。释奠先圣，朝母后，颇尽礼敬。惟贬小野篁，废太子恒贞，甚为不合。）

文德（名道康。尽先民事，劝种惠民。不轻肆赦，略达治体。）

清和（名惟仁。以闰十月小为大，移冬至在朔。发大赦令，百官表贺，遂开虚饰之风。藤原良田摄政，相臣由是专柄。年未三十，遂禅位贞明。）

阳成（名贞明。创奘学院。嬉戏无度，至令宫人缘

木而梏杀之。藤原基经诱其逊位于正良之子名时康者。遇事必先关白基经。不久即卒。）

宇多（名定省。在位四年，事皆咨禀基经。基经死，始亲庶务。宠任菅原道真，通使中国，故宽平政理有上古之风焉。增设弩师讨新罗贼。图殷周以来名臣于紫宸殿。武功文治，由是灿然可观。）

通使中国

醍醐（名敦仁。励精图治，哀矜百姓，书汉唐君臣言行于殿壁。怒契丹阿保机灭渤，却其使延喜之世。民颇乐业。听藤原时平之谮，谪菅原道真。见三清善行上意见十二条不用，世颇惜之。）

朱雀（名宽明。尝曰："政如张琴，大弦急则小弦绝。"颇尚宽仁。时，高丽灭新罗，因却其使。平将门反，敕平贞盛等讨平之，国内颇靖。施逊位其弟。）

村上（名成明。性宽恕。课试医学生，给奖学院年官，天历之治颇善。）

冷泉（名宪平。患疯，遭源繁延之变，逊位其弟。）

圆融（名守平。受藤原兼通之制，不能有为。复让其弟师贞。）

花山（名师贞。初用藤原义怀、藤原惟成，颇肃纪纲。寻肆淫泆。悲女御忯子之死，祝发入花山寺为僧，世甚讥之。）

一条（名怀仁。颇恤民苦。）

三条（名居贞。冷泉之子。藤原道长专政，廷臣夤缘，纪纲日弛。赤染卫门著《荣物华语》，盖有慨于此。）

后一条（名敦成，一条之子。萨摩民平忠常作乱。弟敦良立。）

后朱雀（名敦良。受制藤原赖通。宋商至但马，朝士夺我财物，行同寇盗。）

后冷泉（名亲仁。安倍赖时，贞任父子作乱，经六年始灭。）

后二条（名尊仁，亲仁之弟。痛抑藤原氏赖通，教通惴惴敛迹。置纪录，定绢布法、估价法、斗升法，纪纲稍振。岛国翕然。） 纪纲稍振

自光仁至此凡三百年，渐通中学。权臣虽间专擅，而文教以兴，固亦未可厚非也。 渐通中学文教以兴

白河（名贞仁。政由己出，颇有后三主之风。而爱憎任意，不遵旧典，禅位善仁。）

堀河（名善仁。贞仁仍听政院中四十馀年。尝曰："天下不如意者，惟鸭河水双陆采山法师而已。"过信佛法，好女色，治以不振。善仁颇勤政，而遇事不能亲裁。清原武衡作乱，源义家讨之。因会食，设勇、怯两列。阅三年乃平。）

鸟羽（名宗仁。立延历、兴福二寺，崇极壮丽。国内多僧寺，僧徒作乱。贞仁逊位后，听政院中二十八年。好修容仪，多内宠，纪纲不振，遂酿保元之乱。） 与上文白河为同一人。退位出家的天皇称为法皇，并非人名

白河（名法皇。立显仁亲王为嗣，寻即使之禅位。）

崇德（即显仁亲王，为岛羽所迫，不久禅位。）

近卫（崇德之弟，名体仁。积郁病卒。）

后白河（名雅仁，近卫之弟。保元元年，流崇德上皇，借平源、盛源、义朝等力。清盛杀叔义朝，并弑其父，国以大乱。）

日本自崇德禅位后尚听政院中，拥立五主。祸难相寻者三十馀年，本实先拨，何枝叶相扶之足云。

二条（名守贞。短于孝道，纳近卫之妻，大为世讥。）

按日本是时，源、平争隙，藤原信赖与源义朝反叛，平乱后，刑杀甚惨。日主号六条天皇（名顺仁），年甫三岁，以叔父为太子。甫六岁，在位三年，未冠，即称太上皇。彼童昏乱至此。

高仓（名宪仁。颇尽仁孝，喜愠不形于色，仕丁析树，目为风流，会寻以忧死。）

安德（名言仁。三岁即位。以仁王为将，下令东国讨平氏。源赖朝、源义仲起兵，清盛死。平氏挟言仁西奔，源义经尾击之。初战一谷，再战坛浦，皆败之。言仁赴海死。）

后鸟羽（名尊成，言仁之弟。即位年甫五岁，未传剑玺。时义经得罪其兄赖朝而逃亡。赖朝奏请诸国置守护，庄园置地头，所在逮捕。）

源氏掌兵马之权

是时，源赖朝奏请加赋税充兵粮，兵马之权顿归源氏，是为征夷大将军，自是日主拥虚器如弁髦。尊成颇好武技，善弓马，愤主权凌替，阴抱恢复之志。始置西面、配北面，造刀剑，亲淬之，以赐武人。作歌寓意。志业不就，遂遭播迁。盖自贞仁以下，大势积重不可挽也。抑亦其朝廷之士，大半佥壬，一人孤立于上，无与匡扶故也。然则正学之倡明，所以扶翊君臣纲纪者，顾可不亟亟修明也哉！

土御门（名为仁。立甫四岁。源赖朝死，北条时政执权。赖家、实朝相踵为将军，时政杀赖家，源氏衰。时政死，子义时代执权。为仁性尚慈仁。为后鸟羽所迫，让位其弟，颇无怨色。居闲惟咏歌自娱而已。）

顺德（名守成，为仁弟。和田义盛作乱，僧公晓杀将军实朝。）

仲恭（名怀成。四岁受禅。承久三年，尊成讨北条氏不利。北条氏流尊成、为仁、守成三上皇，而怀成亦见废。）

时东师十九万人，父行留子，子行留父。义时上言曰："闻陛下喜战，谨差长男泰时、次男朝时率十九万人赴战，以供天览。犹不厌意，臣且更率二十万人自将继之。"其无君之状如此。而北条遂自此七世执权。自白河至此凡一百五十五年，如堀河、高仓、土御门颇称季世良主，惜政柄已移，遂不克有为耳。 北条氏执权

后堀河（名茂仁，宪仁孙。宽仁好学。北条泰时颁式目五十条，颇顺人情。僧亲鸾倡一向宗，僧道元倡曹洞宗，佛教浸炽。）

四条（名秀仁。幼冲嬉戏，无复可言。）

后嵯峨（名邦仁，为仁子。温恭爱物。泰时卒，孙

经时执权。泰时谦厚，不欲登显爵，故政颇清理。禅位后，二子相踵践阼，听政院中殆三十年。欲使龟山承统，立后宇多居东宫。北条贞时建议立伏见为后宇多太子，遂定。后深草、龟山二统迭承，朝威益绌。）

后深草（名久仁。四岁即位。北条氏奏请立五摄家，名为尊上，实分朝权。寻禅位其弟恒仁。实非出己意。惟性颇孝友，每侍后嵯峨宴游，承意不违。经时卒，时赖为执政，北条氏威名日盛。）

龟山（名恒仁。天姿英发。禅位后，听政院中十馀年。时赖卒，时宗为执权。）

后宇多（名世仁。睿敏好学，不置嫔御，宫帏清肃。）

北条氏始衰

时北条时宗卒，贞时执权，杀外祖父泰盛，北条氏始衰。继统者曰：

伏见（名熙仁，久仁子。）

后伏见（名充仁，熙仁子。）

后二条（名邦治，后宇多之子。皆为北条氏所立。伏见时有贼为赖入宫自杀。源义世起兵讨北条贞时不克。后伏见时，日本五上皇并立，可谓五洲稀有之事。至后二条时，贞时罢，师时执权，无复能为。）

花园（名富仁，熙仁之子。但好禅理。为僧慧元营妙心寺。师时卒，基时代之，卒，高时代之。北条氏浸衰。至后醍醐时，举族遂伏刑诛。）

兵马之权归镰仓

自后掘河至此一百十二年，兵马之权常在镰仓。自时政至高时九世，凡一百五十四年。

后醍醐（名尊治。资性英迈，志图恢复。首复记录所，亲听讼狱，日与儒臣讨论汉学。有护良亲王、藤原、藤房诸臣辅翼，避北条高时难，奔笠置。高时别立光严为日主以抗之，尊治用楠木正成为将，笠置陷，为贼所迫，奔隐歧得儿岛。高德名和长年还奔舟上山，寻足利、高氏归顺。新田义贞攻镰仓，灭北条氏，始复位。惜宠高氏，赐之偏讳，议赏军功，迁延不决。多私宫闱倡伎，造楮币，好兴作，不听藤房之谏，岛国嚣然。复思武人之治，听尊氏之谗，杀护良亲王。尊氏凶行无忌，诬陷新田义贞，而盐治高贞、赤松则村等。楠木正成、名和长年皆战没，尊氏长驱入犯。立尊良亲王，尊治南奔，尊良亲王自杀，义贞亦战没。尊氏为大将军。尊治仅保赤野，遗命恢复，按剑而卒。）

后村上（名义良。赖宗良亲王、源亲房、楠木正行、新田义兴诸人辅佐。足利尊氏及弟直义、子义诠、赤松则祐等叛服不常。义良以恢复为志，亲蹈艰危，控御劲敌三十年。）

长庆（名宽成。新田义宗战死，楠木正仪降敌，菊池武光挟怀良亲王起兵，谋复筑紫不利。北军援正义来战于汤浅，族死者百有馀人。北军之势遂自此益盛，日主权日替。）

后龟山（名熙成。菊池武朝与大内义弘战，其族百馀人死之。楠氏族据金刚山者皆亡。遂许义满请和，以父子之礼，禅位于干仁，嗣立曰后小松。）

自后醍醐南奔至此，凡五十七年。北朝光严为熙仁之子，中间传位光明、崇光、后光严、后圆融、后小松，凡六主。日本国内，始归一统。

日本国内始归一统

后小松（名干仁。足利义满罢子义持为将军。义满执政四十一年，罢三管、领四职，营北山金阁，极壮丽。遣使朝贡前明，书辞甚恭顺，成祖封之为日本国王，奉表称谢。）

称光（名躬仁。镰仓管领足利持氏为上杉氏宪所逐，上杉氏始强。）

花园（名彦仁。义教为将军，遣使朝贡前明。内官雷春等报之，赐钱五十万缗。宗贞盛与朝鲜约互市。每岁船五十艘，额外遣船，谓之特送。交易不绝。足利持氏结城市朝作乱，诛死。赤松满祐杀义教，亦伏诛。义胜为将军，又死。仍称臣于前明。）

后土御门（名成仁。应仁之乱起，细川胜元与山名持丰争战不休，义政罢，义熙为将军。仍遣使朝贡于明。义政起银阁寺，集古器名画，设茗宴，岛国靡然。义政、义熙相继死，义稙、义澄继为将军。义稙伐昌山氏不克，出走。周防上杉定政杀其执事太田资长，北条长氏取小田原城。）

是时，日本衰弱已极。义熙颇好学，在军中讲春秋左传。前关白藤原兼良略通典故。僧一休肖柏解吟诗而已。成仁之卒，黑户资料不给，迁延至四十馀日始葬。前明若

一休和尚

有伟人，铲而削之，俾郡县内属可也。萌蘖不札，遂寻斧柯，惜哉！

后柏原（名胜仁。国内大乱。长尾为景弑其主上杉房能，领越后。香西元长弑其主细川政元，并伏诛。大内义兴助义稙大举入国，义澄、义稙寻病死，义晴为将军。虾夷乱，蛎崎光广讨而平之，因徙国治松前。）

后奈良（名知仁。用度不给，大内义隆献金助之，稍足。自立义辉为将军，有名无实。武田信玄、上杉谦信各据一方相争战。斋藤利政逐其主土岐赖艺。陶晴贤弑其主大内义隆。津久见美作守弑其主大友义鉴。三好之康弑其主细川持隆。群雄割据州郡者，不可胜纪。葡萄牙船至多祢岛，遂传天主教。日本人始知用鸟铳。）

葡人至岛传天主教

正亲町（名方仁。毛利元就献资助大礼，寻讨陶氏，降。尼子义久称霸十州。松永久秀弑义辉，而义荣、义昭相踵为将军。织田信长兴于美浓，义昭为其所幽。足利氏遂亡。）

织田信长

自后小松至柏原一百三十四年，日本浸衰。其臣则自尊氏至义昭十三世二百三十五年，除朝贡前明，借舒内乱，馀无一足观者。信长平定近郊，代将军出令，蠲地子钱，弛徭役，置所司代徙治安土山，定关东法制十五条，规模颇闳。惜宠明智光秀，竟为其所弑。光秀残忍，委母于敌。丰臣秀吉起自奴隶，精于行阵，诛光秀。奏请为关白（日本贵官，若中国之宰相）。置五奉行与德川家康和，遂乃威振岛国矣。

明智光秀

后阳成（名周仁。秀吉与岛津义久降之。威权益盛，遂灭北条氏。）

是时，朝鲜王李昖湎于酒。秀吉欲入寇中国，以朝鲜导元兵来伐为名，八道交侵。朝鲜内溃，王奔平壤，复奔义州。秀吉遂入王京，剽府库，王复奔爱州。万历二十年，遣使告急，朝议救之，前军失利，兵部尚书石星议遣人探之，嘉兴无赖子沈惟敬应募往寻。以李如松为东征提督，袭平壤，大捷，斩级千二百，馀皆焚溺死。行长遁还龙山，官军乘胜轻进，败于碧蹄馆。已而，封贡之议起，石星实主之，为其所绐，乃再议东征。以邢玠总督蓟辽，杨镐驻天津。日本酋请正攻南原，守将杨元弃城遁，官军退守王京。麻贵攻尉山，垂克而遽收军，官军寻大溃，死者万馀。时刘綎以川兵至，约行长为好。会行长以五十骑来，綎伏兵欲擒之，行长遁去。无何，秀吉死，诸酋引兵还。刘綎等邀击之，颇有斩获，诸酋悉遁去，以捷闻。论功有差，惟敬以通倭弃市，德川家康遂与朝鲜议和云。

丰臣秀吉伐朝鲜

德川家康与朝议和

后水尾（名政仁。好种花，信佛法。家康定文臣法五章、国式十七章、武员式十三章，定江户及县邑制度。亡丰臣氏，停丰国庙号。寻家光相继为将军，国内无事。阿妈港酋至长崎互市，英吉利人至平户交易，西班牙、安南并来互市。藤原肃始倡宋儒程、朱之学，门人林信盛仕幕府为大学头。儒学始盛。）

明正（名兴子。家光始置大小老职、大目付、寺社奉行，遣使五畿七道巡察。）

后光明（名绍仁。性畏雷，敕赐宫号于日光庙。每岁纳币以为恒例。家光死，家纲为将军。绍仁愤主威之替，板仓重宗谏以屠腹谢将军之说。绍仁欲见其状，家纲闻之颇惧。又欲建孔子庙，复太学寮，不果。患痘暴卒。）

后西天（名良仁。践阼后灾异频仍，自谓失德所致，乃避位于凝花洞。读书写字，优游卒岁。明人朱之瑜避地之日本，德川光国聘为宾师。江户城火，死者十万八千人。）

灵元（名识仁。家纲定制，各官不过马三骑、枪七条，庶民不得佩刀着绢。凿新沟于缉芝，命游士夜作，终夜执役者给三日佣钱。虾夷酋释仙与松前泰广交战，逾年始平之。）

自明正至灵元四主，皆兄弟相及，日本之儒学渐著。 日本儒学渐著

东山（名朝仁。灾变屡臻，民心不靖。朝仁以为非德所致，遂让位纲吉任将军。尝下令伤狗者死，杀狗者枭首。禁优僮舞女出入内苑。营孔子庙于神田赤穗。遣臣大石良雄等四十七人杀吉良义英，复亡主仇。幕府用儒士物茂卿议，赐良雄死。）

中御门（名庆仁。家宣为将军，临死，赦群臣获罪屏居。家继嗣为将军。从新井君美议，蕃船近海岸者斩其人、火其船，日人近蕃舶者逐捕之。家继死，吉宗为将军。西南大饥，饿死者十六万九千五百馀人。） 西南饥荒饿死者众

樱町（名昭仁，求蕃薯于萨摩，种之诸岛。新井君

美始于荷兰学，敦书继之。又求甘蔗于中国种之，饧产甚饶沃。）

桃园（名遐仁。宗吉死，家重任将军，吉宗作律九十章，颇称中治。加贺作乱，逆酋大槻内藏允侍女浅尾处竹刑、锯刑，馀十二人处斩。丹波人竹内式部出入诸酋家，讲论武技，家重逐之。禁锢大讷言藤原公绩等十七人。家重死，家治任将军。）

后樱町（名智子，昭仁之女。垂帘临朝。俄罗斯人始至阿波。）

后桃园（名英子，遐仁之子。江户大火。西南大风。

樱岛火山喷发

八年，萨摩、大隅地大震，樱岛被焚，人畜多死者。）

光格（名兼仁，朝仁之孙。颇聪明，及让位，不肯剃发改服色。曰："我日本人何仿西国装束为？"家治死，家齐任将军。虾夷乱，家齐令置预备仓，每秩万石，积粟五十石。减舶商额。始置医馆，令学问所设考试科。俄人

俄日约互市

送伊势漂民抵虾夷，约互市，寻遣其臣勒萨诺德送仙台漂民，遂用兵择捉桦太诸处。英吉利船泊长崎，掠街市。奉行松平康英欲出兵击之，失机不果，自屠而死。）

仁孝（名惠仁。始复谥号。西海大风，破民舍五万馀，死万馀人。江户大火，延烧十万九千户，焚毙一千九百馀人。英吉利抄掠宝岛，家齐始布攘夷之令，用德川齐昭言，复松前奉行。惠仁在位三十四年。）

孝明（名统仁。纪元弘化，在位五年。美利坚人北德禄来约互市，改元嘉永。二年，英吉利人兵攻下田。五

年，俄罗斯船至下田。六年，美利坚人伯尔理帅兵舰抵浦贺，胁请互市。家庆始筑炮台于高轮，召德川齐昭参大议。家庆死，家定任将军。许各酋作大舰，及赍火器入江户。俄水师提督布田定至长崎，议正虾夷疆界。安政元年，伯尔理复至，申前议。德川齐昭建曰美利坚人可伐，十议不听。许泊下田、箱馆、长崎三港。囚处士久间修埋、吉田寅二等。俄人攻北虾夷，入摄海。二年，江户地大震，死伤十馀万人。三年，设蕃书调所，置外国事务局。江户大风，死伤十馀万人。五年，家定上美国书，乞允不报老中、掘田正牧与美人假定条约；德川庆恕、庆笃、庆喜、庆永建言废条约，专倡攘夷之论。家定死，家茂任将军。井伊直弼为大老，擅权。谴太阁鹰司政通、内大臣三条实万，并削发；执桥本左内、赖三树等五十七人，槛致江户斩之。万延元年，家茂遣使美国通好。水户人佐野光明、黑泽胜算、斋藤一德、有村兼清、莲田正实等十八人刺井伊直弼于樱田。文久元年，俄人泊对马岛，要约互市。处士袭英公使馆，杀英人三名。二年，河本弌、越智通宏等要安藤信正于坂下，伤之。家茂奉敕起庆喜为后，见庆永为总裁职，缓诸郡会同之期，令妻孥就国。复下令攘夷，征兵八十馀郡，同时入保。家茂造军舰，募民编步、骑、炮三兵。三年，处士抗议促攘夷兵败。统仁奔男山，将赐节刀于家茂，家茂称疾不起，乃授庆喜，庆喜穷蹙，亦称疾下祠。处士怒议亲征，请为先锋。家茂奏以五月初十日为攘夷期，初十日长人炮击美

“曰”原作“白”

江户大地震

舰。七月，萨人与英人战，败绩。毛利氏堺町卫兵中纳言三条实美以下七卿，脱走长门，令削其官爵。九月，松本谦三郎、藤本铁石等推中山忠光为帅，举兵太和。幕府令诸郡讨平之，忠光走长门。十月，平野国臣楠木八郎等，推泽宣禧为帅，据但马。幕府讨平之，宣禧脱走。元治元年，庆喜罢后，见水户藩诸臣分党。七月，长军入东京，败走。家茂令征长幽，有栖川炽仁亲王以下七十馀人。二年六月，东军厌长防；八月，海陆并进，战不克，退兵。是月，家茂死于大阪城。十二月庆喜为将军。是月，统仁卒。）

维新政纪

今日本主明治元年正月，庆喜大举侵东京，拜仁和寺嘉彰亲王征讨大将军，赐锦旗，讨之。贼军溃走。令削庆喜以下官爵。寻拜有栖川炽仁亲王征东大总督，授锦旗、节刀。二月，置总裁、神祇、内国、外国、军防、会计、刑法、制度八局。以二条城为大政官，代总裁庶政。既知夷不可攘，日主乃亲临会诸臣，誓曰万机决于公论；曰上下一心经纶；曰文武一途，使庶民各遂其志；曰一洗旧习，悉从公道；曰求智识于境内。誓毕，策问。开虾夷议。寻梓行大政官日志，大总督自东海道，先锋桥本实梁、副总督柳原前光入江户，收其城。宥庆喜死，一等屏居水户。闰四月，废三职八局。置议政、行政、神祇、会

维新改制

计、军务、外国、刑法七官，设官九等。二年正月，敕谕百官，大励廉节，毋营私利，罢警跸喝道仪。二月，置集议院，征诸藩士为议员；撤诸道关；废磔、焙二刑；许发兑新闻纸。三月，置待诏院、民部省；日主至东京，遂驻焉。五月，设电线；立府、藩、县一致之制，以旧藩主充知藩事；废公卿诸侯之称，一为华族，其臣隶为士族。七月，置神祇官、太政官及民部、大藏、兵部、刑法官、内务、外务六省；分敕、奏、判三等；废东京以外诸府并为县；改虾夷为北海道，分十一国。十二月，废中下大夫、上士等官，悉为士族，废禄制，给廪米。三年正月，定诸旗章。九月，许齐民称姓氏。十月，置工部省。十二月，收诸国寺社领地；定亲王，赐姓制；定海军服制；颁新律纲领。四年正月，定官吏窝顿倡律。二月，征萨、长、土三国兵为亲兵，使华族悉隶东京；以机器制金银各币。三月，定武官礼式用军服。四月，许庶民乘马；遣外务卿伊达宗诚来中国定通商条约。五月，遣参议副岛种臣于波西叶图议桦太疆界。七月，废藩为县；废诸官省改太政官制。八月，定官制等级，分官等为十五；置太政大臣、左右大臣、参议三职，列诸省长官上；废秽多非人之称；令国内民散发、脱刀随意。十月，令右大臣岩仓具视为大使参议，木户孝允大久保利通、工部大辅伊藤博文等为副使，聘问欧美各国。十一月，颁县治条例及事务章程。五年正月，颁出版条例。三月，废亲兵，置近卫兵；颁敕奏官、罪犯官条例。四月，置教导职，颁教宪三条；许僧徒

废藩改县

改历法

食肉娶妻。五月，日主西巡。六月，设邮便局。七月，定学制、分学区。八月，置裁判所；创银行。九月，作铁路自东京至横滨。十月，禁买卖人口，解放娼妓。十一月，改历法，十二月三日为明治六年一月一日，以神武即位之年为纪元，因置纪元节，自神武元年至明治六年共二千五百三十三年；寻颁征兵令。六年一月，改置镇台营所；广置公园；废五节，以纪元节、天长节为祝日。二月，改父祖被殴律，禁复仇。三月，敕许与外人婚；日主断发，太妃、王妃落黛。六月，颁日主照相于府县；定证印税法；发行印纸。七月，定耕地税、征地价，颁市坑法。九月，大使岩仓具视等还。十月，参议西乡隆盛、副岛种臣等罢。十二月，税华、士族禄，许士族以下奉还禄赏。七年一月，大藏卿大隈重信上地租计米千百五十八万八千六百石，金百三十万零九百圆；海关其他诸税半之。三月，设女子师范学校。六月，设北海道屯田宪兵制。七月，赐百官避暑假；废证卷印纸规则，颁印税规则。十一月，许士族还纳百石以上家禄赏典赏。八年二月，定奴婢车马及酒曲税。四月，废左右院，置元老院、大审院。六月，始开地方官议会，颁谗谤律、新闻条例。八月，改定出版条例。九月，朝鲜江华岛民炮击日本兵舰。十一月，割桦太全岛与俄罗斯，桦太土人徙北海道者千馀人。九年一月，诏参议黑田清隆、议官井上馨使朝鲜，定修好条规。四月，定官吏惩戒例。六月，日主至奥羽，定道路等级；颁地方官任期例。九月，改府县裁判所，置地方裁判所。十月，熊本山口贼起，旋即扑灭。十年一月，减地租六分之一；减诸侯省定额金；日主还至京。三月，颁放释条例；鹿儿岛贼起，西乡隆盛、桐野利秋等为之渠魁，官军与战至八月始平，死伤数万人。十一年五月，日本民杀大久保利通。八月，日主至北陆诸国，十一月还。十二年七月，我大清遣使侍读何如璋等驻其国。自是遂交通聘问焉。 大清遣使驻日

天文分野

日本国起纬线三十度，止四十三度；经线东十三度至二十九度。地形狭长，形如蜻蜓。其间小岛错杂，大岛外包，长约四千馀里，广百里至三四百里不等。截长牵方以英吉利里数计之（英人以我中国三里三分为一里），有十五万六千六百零四方里。全国濒海，分四大岛、九道、八十三国。户八百万，口三千三百万馀。今按日本经纬各度，虽如上所云，然洲外诸岛有远出其限者：如小笠原之北，已至纬线六十九度，其东经线亦过三度；至桦太千岛，则亦在纬线北五十四度，经线东十一度之外；近夷琉球强入版图，其地在纬线北三十四度，经线东十一度之外。盖日本立国实大小岛屿之攸赖其间，或远或近不一。其地只就其大者要者测之，馀可不烦表志，盖其度数之不匀有如此云。 日本地理

时令

日本气候

江都无冰，严寒凝水面，一半日即解。通国多雨，尤多大风，如居木室，风作，则颠摇鼓动，如泛一叶之舟于汪洋巨浸中，为之心悸。东海道地气颇温和。函岭以西春冬多风，其东陆路亦然。东山道则霜雪早降，岩代而北，冰雪凝结，至春不消。两羽之间风力尤甚，时有倾房拔木者。北陆道亦多风雪，冬日寒暑表下至冰点之五六度，夏日未有过九十度者，缘其地逾温带十数度故也。山阴道冬来积雪常至五尺馀，而南海道则终岁炎热，非山深处不能积雪。夏日熏蒸，人多喘息，惟夜间必有凉风，故触暑者较少。西海道与南海相似。迤南诸国，酷热尤甚。转至北海道，则又寒威凛冽。东北极边之处，非盛夏时无衣单者。入冬大雪封门，必至明年三月，雪消花放，行人始可往来。八道中，只畿内、山阳二道气候温和，馀则偏南偏北，每不得其平云。

历法

日本自钦明十四年由百济遣历博士来，始行夏时。后袭用元嘉历，复用仪凤历，复用大衍历、长庆宣明历。长庆宣明历行之最久，凡八百馀年。至贞享元年，始改用元授时历。虽设专官，而所业不精，仅贺氏传其家学，第从朝鲜、琉球，沿用我法而已。西法既行，以我法置闰，每逢闰年，颁官禄、计国用不便，复于明治六年改行西历。以三百六十五日为一年，一、三、五、七、八、十、十二皆三十一日，二月止二十八日，馀则三十日。不置闰月，而有闰日，约计四年一闰，闰则二月加一日，盖岁实三百六十五日。其小馀为二五六三六一二，故四年必置闰也。其纪日用七政，以日、月、水、火、木、金、土为序，而系之曰月曜、火曜云。亦用休沐日，于日曜日给假，与西法礼拜日同。当中法之房、虚、昴、星四宿值日也。

日本历法延革

全国疆域

立国至今，疆域如旧。神武至太和，登山望曰："美哉国乎！其如蜻蜓之点水乎。"故日本又名蜻蜓洲。史言海上有三神山，风引不得至；《山海经》注又言蓬莱在海中，上有仙人宫阙；稗官家言称圆峤、方壶多长生之草、不死之药，宫室皆以金银为之，均属子虚之谈。盖缘燕、齐方士，知徐福东来踪迹，遂借以肆其欺罔，实则即今日本地也。

日本疆域划分

全国四面濒海，所辖之地，除琉球不计外，统分四岛：一为长崎，延袤以至鹿儿岛、萨摩岛；一为神户，旱道由火车以达其西京，由西京以达其东京，约程一千馀里；一为南部之阿波国，与神户对峙，中隔内洋；一为箱馆，东南面太平洋，北海与俄界毗连，岛中多山，山多火焰，故常患地震。统计面积得二万二千九百二十方里。旧分一线七道。明治之初，攘灭虾夷，乃更为八。此外，小岛若小笠原、隐岐、对马、千岛四者，尚可郡县，其馀密若繁星、小如拳石，无关轻重，可弗记载。传言倭在东海，其国百馀。今阅彼史，王居之外，畿内一道仅分五国；南海道六国；北海道七国；山阴、山阳各八国；西海道九国；北海道十一国；东海道最多，亦只十五国；益以壹岐、对马二岛国，小笠原、桦太二附国，总计尚止八十六国。近虽夷琉球为冲绳县，尚不得谓其为附国也。若夫府、县、郡之制，则府以王居岩邑通都大城而立，县因政事便宜而划，郡以地理田亩利便而分，大小统辖无定在也。如东京府辖武藏五国，而三国属于邻国；大阪府辖摄津七国；京都府辖山城八国，而丹波三国乃跨两道。县之分，虽多一国为一县，然亦有一国分二县、数县者，一县合二三国者。郡之境，视县为小，每国必有十数，若二三郡者，不多见也。郡之属，有所谓村者，每郡数亦不等，以境地甚小，随意区划，无容心焉。故三府、六十县、三十一郡之下，至有村七万一千二百一十六之多也。

东京

东京概貌

德川氏旧府也。宋孝宗十七年（日本安德养和元年），日本源赖朝据镰仓为大将军，旧幕北条足利袭其迹，雄镇关东者数百年，德川氏改城江户（即今东京），因平秀吉之所策也。其地形胜，东南抱里海，西北连沃野，墨田川萦带其东，平原旷邈，冈峦回复。王居在其中央，为城三重，甃以巨石，中高而外下。近仿西制，门虽设而不关，城外各周以濠，引玉川水灌注其中，深阔通流，架桥数处，以通内外。街衢宽敞，沟浍纵横，景象与苏沪仿佛，惟繁盛稍不逮耳。所辖之户，凡四十三万五千七百馀。

西京

神武起日向，建都橿原，即畿内太和境。后迁徙不一，多在太和（日本读“大倭”、“太和”音为“耶马台”，故《魏志》称耶马台国，以日本为号自孝德时始）。至桓武移都平安城，为今西京。立国千馀年矣。明治二年，乃迁东京。惟日主西巡，偶一驻宿而已。地无垣郭雉堞，以山为城，周环数十里，贺茂川潆贯其中。有日主故宫，其紫宸殿，殿屏今犹存，图画三代、汉唐名臣遗像。 西京（京都）

长崎

岛形圆而凹，方广数百里。朝鲜峙其西北，隔海遥峙，中隔对马一岛；琉球在其南；小岛错列其北，曰丰前、筑前；其东曰日向、丰后，口门狭隘；中有小岛孤耸中央，如罗星然。由长崎以至鹿儿岛与萨摩，错壤犄角，

西海道

海口较长崎稍宽。以国都在其东，故命名曰西海道。昔闻自朝鲜来者，皆言水势下驶，顺逆悬绝，固知地脉本自西而东，故其都会所聚，风气所趋，亦遂因之。由吴淞至此，计程二千里。其地有中华会馆，祀天妃神。中土商于此者，已数百年。有历累代长子孙者，然衣冠犹循华制。近因其国与泰西结约，商船络绎，华商居此者仅千馀人。

神户

神户地处险要

旧摄津境，更制后，属兵库县。由长崎至此，陆路近二千里，水程不过三千馀里。山东海回，风涛险恶。海中有淡路岛（属南海道境）横亘当前，如扃户牖。东北陡角曰江崎，与明石相夹峙。舟行必由和田岬入茅港经此，故明石为险要必争之地。然由外洋径往横滨，则此处亦属虚设。岛形袤长千有馀里。陆路至大阪七十里，乘火车四刻即达。由大阪又八十里至其旧都西京。闻由西京以达东京，今尚未有火车路，须行十馀日乃可至。华商居此者约二千人。

大阪

大阪为西南屏障

旧隶摄津境，今改府，属畿内道。土地腴沃。淀川南贯，为山海奥区，溪桥横午，坊市殷阗，户口繁盛，于斯为最。为旱道入京之咽喉，赖以屏蔽西南。故该国昔年寇起，必先争此地，亦形势使然也。城小而坚，石濠深阔，有镇兵据守，丰臣秀吉之遗筑也。

横滨

属神奈川县，在江户内海，地形浩荡，无以制敌。由旱道至东京，计程八十馀里，乘火车一点钟即至。是处为日本通商大口，贸易繁盛，榷关所入，岁约百万。华商寓此者亦二千馀人，吴越诸贾多权子母，闽广则米饧杂货。亦有中华会馆。由神户至此，计程二千七百馀里。

横滨为通商大口

南部

岛形如蛱蝶，高知为之腹，而阿波、伊豫似两翼翕张。在神户之南，与周防、备后、备前等处对峙。以非通商之口，舟行至此，少有停泊者。

箱馆

为通商之地。在东京之东北，方广约千馀里。每岁鱼虾海鲜出口，约值银八九百万两。逾海而北，有小长岛与俄之西界毗连，俄之垂涎久矣。一旦有事，日人救援，殊有鞭长莫及之势。故日人不遽与我连兵者，惧俄人之乘其后也。

箱馆（函馆）

北海道

北海一道，旧属松前侯。明治二年，割分十一国。初令诸藩分任垦辟，后专设开拓使治之。山林薮泽，上腴之奥区。其民不喜耕种，日惟腰弓弭箭，驱狐狸，捕鲸鱼。文身蓬首，穴居血食，而混沌未凿，易受约束。近始稍有读书者。

险要

全国四岛，统以畿内及八道。在西一大岛曰西海道；在西南，一大岛突出海中曰南海道；中央一大岛，畿内居其中；西北为山阴道；又西为山阳道；东为东海道；北为北陆道；又东北为东山道；西京在畿内，东京在东海道之武藏，所谓二京也；六道相为联属，无有间隔；又东北一大岛曰北海道，为虾夷故地。畿内五国，曰山城、摄津、河内、和泉、太和；东海道十五国，曰伊贺、伊势、志摩、尾张、三河、远江、骏河、伊豆、甲斐、相模、武藏、上总、下总、常陆、安房；东山道十三国，曰近江、美浓、飞骅、信浓、上野、下野、岩代、磐城、羽前、羽后、陆前、陆中、陆奥；北陆道七国，曰若狭、越前、加贺、越中、越后、能登、佐渡；山阴道八国，曰石见、出云、伯耆、因幡、但马、丹波、丹后、隐岐；山阳道八

日本八道划分

国，曰长门、周防、安艺、备后、备中、备前、美作、播磨；南海道六国，曰伊豫、土佐、阿波、赞岐、淡路、纪伊；西海道十一国，曰大隅、萨摩、日向、肥后、丰后、丰前、筑后、筑前、肥前、壹岐、对马；北海道十国，曰渡岛、后志、胆振、石狩、日高、渡岛、十胜、钏路、根室、天鉴。几为旧国八十有三。西海、北海二道外，其六道地形狭长，如巨鲸跋浪而横飞，山阳、山阴为首，南海为颔，东海、北陆为身，东山道则其尾也。全部无险可扼，所恃惟海。自轮船往来飙驰，天险遂失。互市既开，巡港战舰近窥庭户。惟神户进口有明石炮台与舞子炮台对峙，两处水道狭窄，为神户、大阪之咽喉，颇为险要。而明石炮台因山掘成，中通一窍，聊以泄烟，药数发而后，烟焰迷目，咫尺莫辨；舞子炮台用石砌成，炮门十五，已就废坏，并无炮位。神户虽有炮台两座，炮位过小，地势显露，虽能击人，而亦易受人之击。横滨至东京，陆路仅八十馀里，无险可扼，水路则轮舟可径达其品川。距外城约三十馀里，有炮台五座而在水中央，药弹一切须由小舟运送，殊易断其接济。攻其必救，古人之成算也。将来如有事日本，一由上海径至长崎，一由天津径取横滨，一由高丽攻其北海，而屯台澎以重兵，使之居中策应，庶有济乎。 无险可扼

户口

合日本之四岛、九道、八十三州计之，共烟户册八百万馀，丁口男女共三千三百万有奇。

礼制

朝会皆大礼服，近改西制。见客趋而前，握手通殷勤。入朝进退惟三鞠躬而已，无所谓拜跪仪也。有三大节，曰新年，曰天长（十一月三日），曰纪元（二月十一日，相传为神武即位纪元之日，尤重之）。百官皆大礼服诣宫朝贺，放祝炮一百一声，人家皆悬日旗伸庆贺。又学西法，有大丧则半悬国旗以告哀，他国亦如之，以示吊。葬日放炮，如其官等级（如一等官二十一炮，二等十四炮）。会葬皆大礼服，如吉礼。无三年之丧，丁艰亦不解任，以丧重轻给假日多寡。丧家名刺，以黑为缘。

礼制学西法

乐制

唐时乐章犹有存者

日本自唐时遣使来中国习典章制度，故唐时乐章今犹有存者。黄公度参使尝见之云：《兰陵王破阵》舞者戴假面具上场，有发扬蹈厉之概；《太平乐》者，四人对舞，皆绯衣佩金鱼袋，俯仰揖让，沨沨乎雅音也（高似孙

《唐乐曲谱》明皇三十四曲，立部八曲，一《太平安舞》、二《太平乐》、三《破阵乐》，高注曰“太平并周、隋遗音”。考《隋书》，兰陵王入阵，必戴假面具，因为“兰陵王破阵舞”，则破阵盖齐制也。日本有此二曲，当是得之于唐)。又云：乐作时，伶人十数辈，披裲裆衣，跪坐席外。旁列乐器。先击鼓，鼓停，舞者四人出，笙、簧、管、籥诸乐杂作，一人吹笛，抑扬抗坠，极和缓之致，舞止乐亦止。此外，歌乐甚多，如安世乐、王昭君、想夫怜、采桑、泛龙舟、玉树后庭花、秦王破阵乐、庆云乐、甘州、倾杯乐、夜半乐、长庆子、万岁乐、春莺啭、北庭乐、河水清、五常乐、裹头乐、武昌乐、应天乐、越天乐、孔子琴操、柳花苑、喜春莺、赤白桃李花、未央宫乐、海青乐、平蛮乐、拾翠乐、千秋乐、苏合香、轮台、六朝乐、剑器浑脱、打球乐、还乡乐、拔头、苏芳菲，皆有之。然传其谱，不传其辞，而以乐器出之。只用五调，不用四十八调，存其仿佛而已。曲名亦多传误，白苎误白野，张胡子误朝小子，景德误鸡德，乌臼误乌向，苏幕遮误莫者。又有“金獐涩河鸟”，亦唐乐之遗音也。

猿乐以男子服巾帼为歌舞。始自北条氏，盛行于室町氏。及丰太阁亲自学之，其后王公大人皆丹朱扮身，自等优伶。

日本琵琶最工，亦贵者亲自执业。有藤原朝臣贞敏学琵琶于唐人刘二郎，二郎妻以女，赠以紫檀、紫藤琵琶各一面，归为其国重器。

三弦上下通行，皆用象牙拨，拨如斧形。唐人谓曹纲运拨如风，即其遗法。

瑟筝云和箫笛管笙皆备，琴则间有之。物徂徕时尚有隋人作《猗兰操》旧谱，与明代所传绝异。

三弦琴不用弹拨，以左指按之，右指冠决捺而成音，清穆殊有意致。日本乐器皆仿汉制，惟此长明无名抄《元元集》所称六弦，乃其所自制者。

日本乐器仿汉制

戏剧

俗喜观优，场屋之大，可容千馀人。每一出止，张幕护之，绰板乱敲，场下施转轮，装束于内，轮转则撤幕复出上场矣。亦演古事，乐器止三弦、笛子、钲鼓，优人有舞无歌，别有伶人述其所演事。如宋时之平话，声哀而怨，与优人侔色揣称，形容惟妙惟肖。其名曰芝居，因旧舞于兴福寺生芝之地，故缘以为名耳。

赏勋

日本无五等之爵，而有勋号，曰勋一等、勋二等，时时赐金。又仿泰西宝星例，颁给印章，亦画日，有旭日重光章、旭日单光章。菊为王章，官舍行幕皆图绘之。

田赋

民无私田。计明治七年租税定额，全国有米一千二百八十三万七千馀石。后易米以钱，计八年收楮币五千一百五十万五千馀圆。十年因乱减租，计收楮币三千五百五十三万八千馀圆。考日本初仿唐代班田之制，取诸民者仅二十之一。延喜、天历后，豪强兼并，制遂大坏。镰仓以来，迭因军兴加赋，后不复减。及丰臣秀吉继起，亟正经界，平租税。然古者每段三百六十步为一亩，后裁减为三百步，而收税如故，赋于是益重。计取十四，谓之四公六民。德川氏因之，世官益多，用益繁，大率皆取民之半，甚者或六公四民，七公三民，民惫极矣。明治初，诸侯悉去图籍，奉田归公。亦用古法，诸国公田皆随乡土估价赁租，凡值百者收三分。然值百之息，岁不过十，是十分而已取三。虽经明治十年正月一日，复减租为二分五，然较之我国家四十而取一，则彼族之民，犹觉困不堪命矣。 税制变更

杂税

无物不税，仿佛惠卿手实之法。国计岁入五千馀万金，地租为巨，关税次之。其他，车船有税，牛马有税，烟酒有税（明治十年，酒税、烟草税共收银钱二百七十三万六千三百十圆），券纸杂器有税（由纸币局别造精 无物不税

纸，曰证券印纸。凡民间买卖、租赁、借贷之事，皆购此纸书之。不用者，讼于官，官不理）。百方搜括，纤悉不遗。岁出之款，官吏月俸外，养兵，雇役，开拓，营缮宫、省、府、县各经费，度支恒苦匮乏。

国债

共借民间私债三千馀万圆，借英债二千馀万圆。初议按年拍还，闻现在仅能付还官利，不能拍还本银云。

谈瀛录卷四　东洋琐记下

兵制

日本陆军，向分七省，各以少将领之。无事之时，额兵五万六千五百六十一名，义勇九万五千九百十一名，民团九万七千七百六十二名。十年以前，兵士皆依古制。维新后，仿德国军制，旧卒倔强不从，颇事凶横。日主设法复招，当兵皆不肯出。近设新例，凡日本通国之人，皆令当兵。分为四种：第一种系常设之兵；第二种系预备征调之兵；第三种亦系预备征调用，承第二种之乏；第四种系驻守本国地方之兵。操练一年始当兵，复操练三年充常设兵。第一种以三年为期；期满改第二种兵，以四年为期；期满改第三种兵，以五年为期；期满入第四种，以十一年

维新后仿德国军制

为期。最紧要者系第一种兵，馀虽隶兵籍，不若第一种之操劳也。每人自充第一种兵为始，共当兵二十三年，十七岁当兵至四十岁为止。第二、第三种兵，每年尚须操练，第四种兵则并不操演。遇有战争，然后听候调遣。选兵之法，择国中得胜兵者，皆编入伍，惟羸病发疾及身长不满西尺四尺十一寸半者免，弟兄二人免一人。此外如僧人、塾师、儒士、医生及文员，皆不令充兵。

营制：每一大营分三小营，每营分三旅，每旅分四队，每队兵共一百九十二名，以一大员统之，士官二十七员佐之。无战事时有二千三百四十七人，内有数十人供办理物用炊爨及运送军械之役，出战时可增调至二千八百八十人。其戎服均仿德制。此步兵大概情形也。

骑兵与炮兵

马兵八营，仿法国装束，用棕色布为衣。每营一百五十九人，开仗时可增至一百八十六人。炮队二十四营，分隶各营。每营三百零六人，马八十六匹，巨炮八尊，当开仗时，可增炮手十名，巨炮二门。其炮系仿意大利式样，在大阪局中自行制造。合计马队一千四百八十八人，炮队七千三百四十四人。此马兵、炮兵大概情形也。

至军器局中所用机器，均由英、美两国购置，每日可成后膛连环枪一百枝。其各局并营中所用西员，近已日少一日。此制造大概情形也。

海军舰队

海军计已有兵船八艘：曰吉野舰，曰太和舰，曰武藏舰，曰高雄舰，曰千代田舰，曰筑紫舰，曰鸟海舰，曰八重山舰。太和舰于光绪元年由神户小野滨船坞制造，铁骨木皮，容积一千吨，一千二百二十四马力，船中士官以上三十人，下士以下诸卒二百十九人。武藏舰亦光绪元年神户小野滨船坞制造，船质、马力及船中人数与太和舰同。高雄舰船中，士官以上三十三人，下士以下诸卒二百三十人。千代田舰于同治二年，由武藏石川岛船坞制造，为系泊练习之用，容积一千一百零四吨，二千一百匹马力，船上五寸四分径炮四门，士官以上七人，下上以下诸卒二百三十五人。筑紫舰系本年由英国购置，船身系钢质，容积五百七十二吨，二千八百八十七匹马力，长英度二百零九尺十一寸，阔三十五尺一寸，入水十五尺一寸，一点钟行十七海里，船上置十寸径炮二门，五寸径炮四门，哈乞开目炮四门，士官以上二十九人，下士以下诸卒一百六十七人。馀舰未经详考。惟八重山为邮船，此外有轮船数艘，皆邮船会社所置，有事可借为运送军士及器械、米粮之用。此海军大概情形也。并录之以见其略。

六镇

日本维新之政，惟武备为最大端。明治元年，相度全国地势，分置镇台六所，每镇又别置军营数所，分营各处，其略如左：

第一镇，统师二，少将领之，驻节东京武藏城。管辖府一，为东京府；今县五，为神奈川、静冈、千叶、茨城、新泻；旧国六，为琦玉、神谷、山梨、朽木、长野、

第一镇驻武藏

相川。共出赋七百三十七万石。其下置军营于东京，领以大佐、中佐，分辖东京府、新泻及千叶之佐仓等处；又置分营于小田原，领以小佐，分辖足柄之小田原、山梨之甲府、茨城之水户、新泻之高田、朽木之高崎、静巷及木更津、宇都宫等处；此外更于东京之江户、神奈川之横滨、新泻之海口别备炮兵一营。以上兵丁，平时七千一百四十人，战时可得一万三百七十人。

第二镇驻仙台

第二镇，统师二，少将领之，驻节宫城县仙台城。管辖今县六，为宫城、福岛、青森、岩手、秋田、山形；旧国五，为水泽、磐前、若松、置赐、鹤冈。共出赋四百二十二万石。其下置军营于仙万，领以大佐、中佐，分辖仙台、青森等处；又置分营于福岛，领以小佐，分辖福岛、水泽、若松、秋田、山形及岩手之盛冈等处；此外更于函馆海口别备炮兵一营。以上兵丁平时共四千四百六十人，战时可得六千五百四十人。

第三镇驻名古屋

第三镇，统师二，少将领之，驻节爱知县名古屋城。管辖今县三，为爱知、岐阜、石川；旧国三，为滨松、筑摩、斯川。共出赋四百八十二万石。其下置军营于名古屋城，领以大佐、中佐，分辖名古屋及石川之金泽等处；又置分营于丰桥，领以小佐，分辖丰桥、岐阜、筑摩及敦贺所属之七尾、福井等处。以上兵丁平时共四千二百六十人，战时可得六千二百九十人。

第四镇驻大阪

第四镇，统师三，少将领之，驻节大阪城。管辖今府二，为京都府、大阪府；今县九，为兵库、滋贺、三重、饬磨、鸟取、北条、冈山、堺县、和歌山；旧国四，为奈良、敦贺、度会、丰冈。共出赋六百二十九万石。其下置军营于大阪，领以大佐、中佐，分辖兵库及滋贺之大津、敦贺之姬路等处；又置分营于兵库，领以小佐，分辖兵库、和歌山、冈山、鸟取、丰冈及三重之大津、京都府等处；此外又于兵库海口别备炮兵一营。以上兵丁，平时共六千七百人，战时可得九千八百二十人。

第五镇，统师二，少将领之，驻节广岛，管辖今县八，为广岛、小田、岛根、滨田、山口、高知、爱媛、香川；旧国一，为名东。共出赋四百四万石。其下置军营于广岛，领以大佐、中佐，分辖广岛及香川之丸色等处；又置分营于松江，领以小佐，分辖岛根之松江、名东之德岛、爱媛之宇和、内须、崎浦及滨田、山口、高知等处；此外更于山口之下关、海口别备炮兵一营。以上兵丁，平时共四千三百四十人，战时可得六千三百九十人。 第五镇驻广岛

第六镇，统师二，少将领之，驻节白川熊本城，管辖今县八，为白川、宫崎、大分、福冈、长崎、三潴、佐贺、鹿儿岛；旧国一，为小仓。共出赋四百四十八万石。其下置军营于熊本，领以大佐、中佐，分辖熊本、小仓等处；又置分营于千岁，领以小佐，分辖千岁、福冈、长崎、鹿儿岛及宫崎之饭肥、对马等处；此外更于长崎、鹿儿岛海口别备炮兵一营。以上兵丁，平时共四千七百十人，战时可得六千九百四十人。 第六镇驻熊本

右六镇总计四十营内，为骑兵三大队，步兵十四联

队，炮兵十八小队，工兵十小队，辎重兵六队，海口炮兵九队，共六十队。其他护日京者为近卫兵，拔各镇之武艺娴熟、品行端重者充之，以五年为期。别军帽用黄带，惟此军帽用红带。战时别为骑兵一大队，步兵二联队，炮兵二小队，工兵一小队，辎重兵一队，合共三千八百八十人；平时专卫王城及宫殿各门，不应他征。又北海道开拓使属有屯兵一千六百七十二人，且耕且练，惟开拓使之号令是从，有征调亦不出境。

水军亦分二支，第一海军提督驻节于足柄之相模、滋贺之大津港等处；第二海军提督驻节于鹿儿岛之萨摩及鹿儿岛等处，额兵止四千以之扼守，尚惧不敷也。

水陆之外别有警视厅，属之警卒、捕役各丁，亦以兵法驭之，其人于兵间课丁内挑取，专司各府、县巡缉逻察之事，无常额，亦无兼责，此其大略也。

官制

略仿华制设官分职

日本自隋唐通中国后，略仿华制，设官分职，载在典章。其执政者为大将军，政无大小，必关白而后行。所谓天皇者，仅虚拥尊号，垂拱仰成而已。总计官凡九位，自一位至八位，皆有正位、从位之目；四位以下，又有正位上、正位下、从位上、从位下之目；至第九位，则别之曰初位，有太初位、少初位之目。各国皆置一守，犹昔时中国之太守焉，而其权尤重于今之督抚。

明治四年，革除大将军位号，励精图治，与民更始。于是改正朔、易服色，而官制亦为之一变，秩凡十五等：三等以上为敕任；七等以上为奏任；八等以下为判任。三者名为等内官，以门第资格为限。此外更置四等官为等外吏，惟选聪明英俊之士用之。其署则内官有三院、九省、二十六寮、一司、一厅、一府、一局；外官有一藩、一使、二府、六十县。三院以太政院为本官，诸省为分官，寮司为支官，其馀分课之官皆名为局。三院之长为大臣参议，九省之长为卿，寮司之长为头、为正，外则府县之长为知事、为令。又袭琉球为藩，改名冲绳县，设官专管中南二部，其王降为一等官，徙京畿。以上文武各据所领之职，异其冠服，以分其品位之等差，所支月俸，自八百金递减至十二金而止。

明治维新变革官制

三院者，国王亲临裁决大政之处，凡中、左、右三院：中院亦曰本院，本院为太政院，掌邦政，有太政大臣、左右参议，三者以辅翊国家，其属一寮，掌祭祀礼典等事，谓之式部寮；左院为元老院，亦曰议事院，掌邦议，以左大臣兼领，凡国有大事，皆于是院议之，上下各议员隶焉；右院为大审院，掌邦法，以右大臣兼领，凡国政有利病，胥于是院议之，内外裁判属焉。

九省：一曰宫内省，掌王宫中之事，兼理亲王家政；二曰内务省，掌国中政刑之事，所属有劝业、警保、户籍、驿递、土木、地理六寮及警视一厅；三曰外务省，掌与外邦交际之事；四曰文部省，掌学制、学校之事，所属有社、寺各局，主教导、教局、病院及诸神社、寺各院宗旨，神官、僧尼诸务；五曰大藏省，掌金币、粟米出纳之事，所属有造币、租税、纸币、统计、检查、出纳、国债、纪录八寮；六曰司法省，掌断狱、听讼之事，所属明法一寮；七曰工部省，掌百工之事，所属有矿山、铁道、灯台、电线、制作六寮；八曰陆军省，掌陆军征兵、守备、兵器之事，所属兵学一寮；九曰海军省，掌海军、海防、募兵及军械、船炮、航海之事，所属有主船、军医、水路兵学三寮及武库一司，提督一府。

此段记叙有误。六寮应为：铁道、造船、矿山、制铁、电信、灯台

外官八道，惟北海道别设开拓使一员，掌北海一道及桦太全岛，兼理守卫之事；馀七道及畿内，止设立府县，以治其人民，而受成于三院而已。

刑律

日本古无律法，使司祝告神。害稼穑、污斋殿为天罪，奸淫、虫毒为国罪，皆请于神祓除之。轻去发爪，重征赎物。今尚传有中臣禊词，且有探汤入泥镬中煮沸，使讼者手探之，以董正虚实。是皆方士法门也。至推古乃作宪法，履中朝有黥刑惩役之制。神功朝又制为火刑。至崇俊二年，更制为枭刑，其后改而为笞、杖、徙、流、死五等。职官获罪，则有免官除名律，谓之闰刑；老幼、妇女、废疾，准收赎，总其名曰大宝律，较从宽矣。然其间逼塞、闭门、蛰居、改易、切腹之类，依然奇惨万状。明

治元年，乃除火罪、锯挽各苛刑。三年十二月定新律纲领。十一年废枭首刑。今则逐渐减轻，制为十有四等：一曰死刑，绞首致死；二曰无期徒刑，发遣远岛服役，妇女则留内地惩役场服役，役满二十五年始除免；三曰有期徒刑，惩役同上，惟满二十年即除免；四曰无期流刑，惩役同上，满二十五年始除免；五曰有期流刑，惩役同上，满二十年即除免；六曰重惩役，禁重狱中，满十五年除免；七曰轻惩役，禁轻狱中，满十年除免；八曰重禁役，服役内地九年至十一年；九曰轻禁役，留禁锢场服役期六年以上；十曰重禁锢，留禁锢场服役五年以下；十一曰轻禁锢，期递减；十二曰罚金，视所犯之罪纳金赎之；十三曰拘留，由一日至十日；十四曰科料，罚银五分至一圆。然法多未备，判官上事，每曰吟味其事情，难以判结云云。吟味，公牍中语谓审度也。近又由司法省撰《民法》、《刑法》二书，专用法兰西律，尚未颁行。其府、县止理民事，而刑讼专司于裁判所，直隶司法省焉。 明治年间定新律

汉学

日《人物徂徕》云："昔在邃古，吾东方之国冥冥乎罔知觉，有王仁氏而后民始识字，有吉备氏而后经艺始传，有菅原氏而后文史可诵，有惺窝氏而后人人知称天语圣。四君子者，虽世尸祝乎学宫可也。"窃考日本之学，源于魏，盛于唐，中衰于宋，复兴于明。 日本汉学之兴衰

自藤原肃（字敛夫，号惺窝，播磨人）始为程朱之学，师之者凡百五十人，尤著者曰林信胜（一名忠，字子信，号罗山，西京人）、林春胜（信胜子，一名恕，字之道，号鹅峰）、林信笃（春胜子，一名戆，字直民，号凤冈）、林衡（本岩村城主，嗣林氏，为信笃六世孙，字德铨，号述斋）、木下贞干（字直夫，号锦里，西京人）、新井君美（字在中，号白石，江户人）、室直清（字师礼，号鸠巢，江户人）、柴野邦彦（字彦辅，号栗山，赞岐人）、那波觚（字道圆，号活所，播磨人）、山崎嘉（字敬义，号暗斋，西京人）、浅见安正（字纲斋，近江人）、德川光国（字子龙，号常山，水户藩主）、安积觉（字子光，号澹泊斋，世仕水户藩）、贝原笃信（字子诚，号益轩，世仕筑前藩）、中井积善（字子庆，号竹山，大阪人）、佐藤坦（字大道，号惟一斋，江户人）、尾藤孝肇（字志尹，号二洲，伊豫人）、古贺朴（字纯风，号精里，世仕佐贺藩）、古贺煜（朴子，号侗庵）、赖襄（字子成，号山阳外史，安艺人）。

为阳明之学者六人：中江原（字惟命，号藤树，近江人）、熊泽伯继（字了介，号蕃山，西京人）。

又有伊藤维桢（字源佐，号仁斋，西京人），不甚喜宋儒，而讲学自树一帜。其徒七十人，尤者曰伊藤长允（维桢子，字元藏，号东涯）。

物茂卿（荻生氏，名双松，以字行，号徂徕，江户人）之学近伊藤，而指斥宋儒过之。其徒六十馀人，尤者曰太宰纯（字德夫，号春台，信浓人）、服部元乔（字子迁，号南部，西京人）、龟井鲁（字道载，号南冥，筑前人）、帆足万里（字鹏卿，号愚亭，世仕日出城主）。

更有考据家喜治汉、唐注疏，共六十人，尤者曰细井德民（字世馨，号平洲，尾张人）、中井积德（字处寂，号履轩，大阪人）、藤田一正（字子定，号幽谷，水户人）、藤田彪（一正子，字斌卿，号东湖）、会泽安（字伯民，号正志斋，水户人）、松崎复（字明复，号慊堂，肥后人）、安井衡（字仲平，号息轩，世仕饫肥城主）、盐谷世弘（字毅侯，号宕阴，江户人）。

按：日本史言，大宝元年，文武帝幸学，始行释奠礼。及清和帝诏新修释奠式于五畿七道，当时之学校可云盛矣。保元以降，区宇云扰，士大夫皆从事金革，惟浮屠氏始习文。其间斯文不坠于地，皆赖儒僧。武门主柄，髡徒横行，吾道微矣。德川氏兴，投戈讲艺，彬彬极盛。朱之瑜（字鲁屿，日本称舜水先生，浙江馀姚县贡生。明亡走交趾，数来日本，遂家焉。水户源光国执弟子礼甚恭。年八十馀卒，源氏为题其墓曰："明征士"，从其志也。舜水善理学，一时靡然向风。郑芝龙客台湾，曾寄书舜水，欲乞师图复明。亡国遗臣，真能不食周粟者也）客水户，复绘其式，为建学宫。诸藩效之，规模一如中土，闻会津尤闳敞。在东京者，德川常宪书"大成殿"字于上，鸟革翚飞，颇称庄肃。时藤原肃倡为洙泗之学，继之者林信胜。藤氏始为僧，后归于儒；信胜初读书僧

诸藩效仿建学宫

院，有老和尚欲强度之，不可。然是时儒者犹别立名目，秃其胪，不列儒林。信胜之孙信笃，慨然以人道即儒道，不可斥为制外，请于德川常宪，许种发叙官，为大学头，世始知有儒。史记之曰：此元禄四年正月十四日事。三百年来，文教大兴，德川将军拔用林氏父子为之倡也。缘是读书明大义者众，始知权门专柄之非。源光国作《日本史》，意欲尊王，顾身属懿亲，未敢倡言。后有布衣高山彦九郎、蒲生秀实者，始著论欲废藩，尊王攘夷之议起，倡一和百。幕府严捕之，身膏萧斧者难屈指数，卒赖以成功，实汉学之力也。无负于国，奈何竟欲废之。斯文在兹，神武、崇神在天之灵，其默相之矣。明治二年，源氏、蒲生氏、高山氏，皆遣使祭其家，且赐其子孙米，宜哉！

著述

日本经义著作

日本之以经义著者，如山井鼎之《七经·孟子考文》著于《四库》尚矣（五经总义类目中颇称许之，芸台相国校勘五经，所称足利本，即此是也）。此外，如《论语解》、《四书古义》（伊藤维桢著）、《论语征》、《大学解》、《中庸解》（物茂卿著）、《论语古训》（太宰纯著）、《大学新疏》、《周易广义》、《论语广义》（新井君美著）、《学庸解》、《论语乡党翼解》（中江原著）、《朱易衍义》、《孟子要略》、《孝经刊误附考》（山崎嘉著）、《易诗书仪礼戴记春秋语孟绎解》（皆川愿著）、《九经谈》（太田元贞著）、《七经雕题》（中井积德著）、《冢注四书》（冢田虎著）、《论语大疏》、《孟子精蕴》、《周易象义》（太田元贞著）、《四书辑疏》（安部井聚著）、《论语语由述志》（龟井鲁著）、《论语辑说》、《左传辑释》（安井衡著）。其以史学著者，如《大日本史》（水户藩源光国著）、《日本纪事本末》（水户藩臣青山延光著）、《日本政纪》（赖襄著）、《日本外史》（纪执政大将军，故曰外史。亦赖襄著）、《职官志》、《山陵志》（蒲生氏著）。惟《日本史》只有纪传，无表，即志亦《兵》、《刑》二篇而已。闻源氏草创十志，曰《神祇》、曰《佛事》、曰《天文》、曰《舆地》、曰《职官》、曰《食货》、曰《氏族》、曰《舆服》，并《兵》、《刑》而十，未及脱稿，今存史馆中。二百馀年，迄无继起而卒其业者，良由记载多阙，故未易编辑成书也。此外，则物茂卿之《徂徕集》、赖襄之《山阳文诗》，国人无不知其名者。其馀如《白石诗稿》（新井君美著）、《蜕岩文集》（梁田邦美著）、《南海集》（祇园瑜著）、《玉山诗集》、《玉山遗稿》（秋山仪著）、《黄叶夕阳村舍诗稿》（管晋师著）、《星岩集》（梁孟纬著）、《诗圣堂集》（大洼天民著）、《晚晴堂集》（柏木昶著）、《五山堂诗话》（菊池五山著）。著略录之，以见一斑，备他日东游者用以采风焉。

学校

近设学校教以西学

日本近设学校甚盛，隶文部省，唯专以西学教人。英吉利、法兰西、德意志语学校，随处皆有，故多有通晓西语者。东京大学生徒凡百馀人，分法、理、文三部。法学则英吉利法律、法兰西法律、日本今古法律；理学有化学、重学、光学、气学、算学、矿学、画学、天文学、地理学、机器学、动物学、植物学；文学有史学、汉文学、英文学。以四年卒业，随年而分等级。所读皆切实有用之书。卒业则遣往各国，曰海外留学生。日本唐时遣使中国，每有留学生，一切规模皆亦趋亦步，今于泰西亦然。东京又有中学、师范学校，卒业则许为人师。教之之法，凡分七级，有心理学、天文学、地学、史学、数学、文学、商贾学。分年受业，循第七级而至一级，由浅入深。其书籍皆归实用，其课程皆有定则（月许给假数日，日给假数时）。同方同业，一人可教数十人，师逸而功倍，盖善法也。逸书则除皇侃《论语疏》、郑注《孝经》外，其他皆中土所有者。欧阳公《日本刀歌》云："徐福行时书未焚，逸书百编今尚有。令严不许传中国，举世无人识古文。先王大典藏蛮貊，苍波浩荡无通津。"是皆文人好奇之过，无庸辩也。

佛教

佛法东渡，始自钦明时，苏我马子首信之，推古日益崇尚。至圣武自称“三宝奴”，后祝发为沙弥胜满，是为日主披剃之始。至花山信右大臣兼家之言，夜潜出宫，至花山元庆寺削发。其后禅位者，多半为僧。上自公卿，下至庶民，非营塔庙，不列人数。又令七道诸国建寺，各用其国正税，费几十分之五。一寺度僧，岁三四百人。举国恒秃首过半，多家蓄妻子，口啖腥膻，甚至群聚为盗，窃铸钱货。劫关白之第，入太政大臣家掠财物，夺庄园，且率徒党发山陵，入宫殿，劫乘舆。暴乱淫纵，五洲所未有也。维新后，僧徒田产多没入官。明治六年下令，僧徒许食酒肉、娶妻妾。其势遂顿衰替矣。

佛法东渡始自钦明

氏族

日人之通称者，或名或字或别号，往往多至十数，不可究诘。命名多父子相袭，羲献五之，随地皆是。古者世官，以官为姓。当允恭时，既极纷淆，乃正氏族，令冒乱者探汤以分曲直。天智制定氏上（犹宗子也），天武因之，分姓为八品，使有升降。自藤、橘、源、平兴，而一姓专政，古氏上遂亡。自足利兴，而赘婿冒姓（足利氏时，俗好武，多养异姓以固党，又恐绝血属，遂妻以女，

天武分姓为八品

以奉先祀。后侯国无子，而思袭继，遂踵成风俗。国内馀子，多以男嫁人。而无子将择后者，必先议币多少而后定。妻死，或继室以妹。有司议："为人后者为之子，妻妹即其妹，是兄妹为婚也，不可。"或又谓："女夫谓之婿，所生谓之子，今既并于一人之身，于姊谓之婿，于妹谓之子，何分歧为？"纷纷聚讼，殊可笑人），即欲寻其宗派而莫由。蒲平君平精于谱学，亟欲厘正，草《氏族志》而未成。今之著姓，多学唐人称郡望，因地为氏。若参议大隈、寺岛、黑田、西乡、川村皆是也。此外，新僻之姓略录如左：曰北胁、曰股野、曰目黑、曰手洗、曰手家、曰田麦股、曰夏目、曰肝付、曰班目、曰野间口、曰桥爪、曰池尻、曰腹卷、曰一色、曰是枝、曰有动、曰猪野、曰生驹、曰犬饲、曰鸟尾、曰猪子、曰小鸟游、曰鹿伏免、曰牛洼、曰狗、曰鱼角、曰鹈饲、曰玉虫、曰草刹、曰矢土、曰缬缬、曰孕石、曰印具、曰二瓶、曰酒匂、曰玉乃、曰儿玉、曰妻木、曰哥枕、曰夫妇木、曰可儿、曰妹尾、曰神鞭、曰九鬼、曰鬼越、曰甲乙女、曰左乙女、曰稻叶、曰望月、曰小花、曰四十住、曰五十岚、曰十八女、曰四月朔日、曰七寸五分、曰万里姊小路。

今之著姓因地为氏

室庐

日本宫室之制

宫室之制，古名足一腾。宫树一柱，中央以乂字形木结束之（名冰木，屋上作鸱尾，名坚鱼），覆茅于上而已，神庙犹用之。今制闻始自韩人，室皆离地尺许，以木为板，藉以莞席。入室则脱屦户外，袜而登席。近或易席以茵，着革履者亦登堂矣。无门户、窗牖，以纸为屏，下承以槽，随意开阖，四面皆然，宜夏而不宜冬。中人之家，大率湫溢，多茅衣而木瓦。旧藩巨室，则曲廊洞房，畸零而缭曲。室中必有阁以庋物，有床第以列器玩，陈书画（留席地，以半掩以纸屏，架为小阁，以半悬挂玩物，盖缘古人床第之制，而即仍其名）。楹柱皆以木，略无雕漆。昼常掩闭，而夜不扃钥。寝席无定向，展屏风，张幄幕，则寝矣。每日必洒扫拂拭，洁无纤尘。喜园亭，虽贫家而花木竹石位置，亦殊幽雅。

钱币

银钱莫详所自来。史言始见显宗朝天武三年，对马出白金。十二年，有废银钱用铜钱之令。持统八年，始设铸钱司。元明和同元年，铜钱始有文曰“和同开珍”。圣武天平感宝元年，陆奥贡黄金；四年，始铸金钱。源义政上表明成祖称：“臣国土瘠民贫，铜钱散失，公私索然，请赐钱。”成祖颁以永乐钱五十万贯，复由商舶邻国运来，遂通行国中，以一文当四文用。近世宽永复铸铁钱。凡铸钱，皆不以易代更其式，有圆、有椭圆、有浑圆、有方、有长方，多无孔、无轮郭。重或数两，纵横六七寸；小则二三分，轻数铢而已。今所用者尚有宽永、文久，又有天 钱币形式各异保，以一当百。明治四年，金、银、铜三货并铸，式皆精好。六年，复造纸币，当墨西哥银钱一枚者，曰金一圆；又有半圆、二十钱、十钱者，描画龙凤，中有“明治通宝”字。惜矿产不多，创用纸币，国中骤增数十百万圆，赖以富强。然新铸金银多为西人攫去，国中富室所藏大半皆纸币矣。

风俗

日本先世，风俗荒陋，无可记载。隋唐始通中国。王居宫室皆华丽，小民板屋铺茵席而无桌椅。学术工艺，昔同中土，今多歧异矣。

各地民情不尽相同

性情则东海道之人多疏通敏慧，其间属甲斐者强而险，属东京者侠而浮，属常陆者武而固，惟上下两总颇多良善。东山道之人，虽曰朴厚，而信浓、上野之间，每见武顽，岩代以西北，更觉蠢强，殆亦北方之强与？北陆道之人，除在加贺者多固执外，馀尽纯良，与山阴道之温顺而近侠，山阳道之巽懦而多文，谓为善类，要亦不诬耳。此外惟南海道稍为温厚，所属阿波赞歧更觉宽大。虽土佐之风涉于武健，要不害其为良善。若夫西海道之刚暴狠戾，北海道之强悍椎鲁，除萨摩、大隅、肥前、肥后、箱馆五属外，彼国亦以乱民待之，未易治也。

改革以来，神、佛两教削除几尽，天主之道信奉多人，匪特衣食之微而已。虽朝廷遗老、乡曲逸民与夫不得志之徒，犹有敦古处，谈汉学硁硁自守，思以矫众，众亦讪笑之，不谓然也。

新年儿童亦放风筝，或束羽为飞燕，以板拍之。清明有千秋抛堕之戏。六月十三日为牛王神胜会，骨董珍玩陈列满街。七月西京有盆踊戏。中元各家夜燃灯，不闭户，佛殿墓门尤盛。东京两国桥，烟火所萃之地，画船箫鼓，游人如蚁。剪纸缚灯凫水面，谓之“鸥灯”。九月晦日迎送大明神，长崎儿童作唐人装束，击鼓唱采茶歌。每月十八日为拜观音日，作祇园会。

新年亦插松枝竹叶于门。设龙虾肖其体，祝老人康健。又用乌薪，呼为“住”，言安居于是。插叶于橙，曰让叶橙，音同“代代”，谓子孙世有让德也。西历岁首，皆在我长至后十日。

女子新嫁，以五彩缕结髻，着新屐入婿家，姊妹兄弟送之。嫁妆数器，多髹漆描金者。大家嫁女，易衣凡十三。色先白，最后黑，黑衣毕，则出门矣。 婚嫁习俗

女子皆肤如凝脂，发如漆。宫妆皆被发垂肩，民家多古妆束。七八岁时，丫髻双垂，最为可人。长，耳不环，手不钏，髻不花，足不弓鞋。皆以红珊瑚为簪，出则携蝙蝠伞。带宽咫尺，腰围二三匝，复倒卷而直垂之，若襁负者。衣袖阔尺许，襟广，微露胸，肩脊亦不尽掩，傅粉如面然，《三国志》所谓“丹朱坋身”者是也。近亦多效西装者矣。

生子每别筑产室，曰生衙。得男，喜呼人为假父。年

十五时，假父为之魁头紒发。《日本风土记》所载，尚有桑弧蓬矢以射四方之遗，亦假父主其事。初生逢五月，制旗如鲤，高插门楣，以祝多子，或曰取鲤登龙门意。

丧葬习俗

有丧，旧多用火葬。木棺直立如佛龛，令死者趺坐，外饰以纸，书“南无阿弥陀佛”六字，或“南无妙法莲华经”七字。葬日，前列纸旛二三十，亦书前六字、七字如棺，和撒钱而行，曰买路钱。编竹为化人城。主人多置草履，会葬者易草履入城；出，易履归。丧家初用白衣白巾，葬，易彩服而归。其习神教者，则自殓至反哭，皆以神官主持。葬日，神官冠纱，袜而登席。中立拍掌（日本拜神皆拍掌数声），复喃喃诵祝文。丧子旁立，不亲祭，亦不哭泣。会葬之客，手执花前供，鞠躬进退而已。扫墓则濯碑以水，折花枝插其旁，无祭礼。遇忌日，百年如一日，往往有以数十周、百周招客者。

士大夫家多用女仆

俗多用女仆侍，有司媒者，书其门曰“官许雇人需”数字，询其由，则旧藩时，诸侯入朝，呼以司浣濯，供洒扫，亦或侍寝，相沿成风。又以婉娈善事人，故士大夫家多用女仆。即寓居之华人，亦均喜购之。又有女子名曰外妇，又曰权妻，计月输租，以赡其家，朝秦暮楚，任人去留。生子则留以为妾，或留子去母。卖酒卖茶者，皆以少女当炉，任人调笑，了不为怪。《战国策》所谓“不嫁则然，而嫁过毕”者也。娼妓为公卖淫。官以其贱业，重赋其税，每人月输金三圆。为之验疾，为之追捕。严禁私卖淫者，使垄断其利。所居屋曰“贷坐敷”，外悬灯曰

“官许”。不由官许为私卖淫，夜去明来，人谓之地狱女。又艺妓曰“猫”，家奴曰“牛”，西人妾曰“罗纱牝”，妻曰“山神”，小儿曰“饿鬼”，女曰“阿魔”，野店露肆垂足攫食者曰“矢大臣”，皆乡曲鄙俚之谈。

坐起皆席地，两膝据地，伸腰危坐，而以足承尻后。趺坐、蹲踞、箕踞，皆为不恭。敬客之礼，坐必设褥，旧有敷重丰席、敷重篾席者，亦犹行古之道也。

俗好游玩，春秋佳日，携酒插花，屐声裙影，妆束如古画图中人。尤喜园林，贫家亦花木竹石，位置幽雅。余每至各东人家，门虽设而常关。行其庭，若阒然无人也者。客至则出寒具，或呼酒浆，出妻子跪献盘盏，雅意殷殷。笔谈半日，不闻人声，呼童煮茗，则拍手即至。其嗜酒，喜歌舞，诚有如《魏志》、《汉书》所言。大率簪珥之资，过于饭蔬，游宴之费，多于居室。亲朋雅集，皆相戒勿大嚼，少啜羹，得馀则以竹筐携归家中，以遗妻子。亦有木筐作二三层，游山甚便取携。

浴池最多，而男女同浴。性皆好洁，故每日必入浴池。男女混杂，相去不盈咫尺，司空见惯，了无惭色。现虽下令禁止，而习俗相沿已久，积重之势，殊难骤返。 洗浴习俗

士大夫以上，旧皆佩双刀，长短各一。出门横插腰间，登席则执于手，就坐则置于旁。《山海经》所言“倭国衣冠带剑”，良不诬也。然好事轻生，一语睚眦，辄拔刀杀人，亦时时自杀。今禁带刀，而刺客、侠士犹所时有。大史公称“侠以武乱禁”，日本为甚。

男女赠答之词，淫思古意，殊有子夜读曲之遗。有谚语云：“信州好荞麦，情郎好颜色。不食麦犹可，迟郎愁煞我。”盖信州产面，色白胜雪，世所珍贵，故以为喻也。

日人善于植树

善于植树。合抱之木，动辄移植。多有花时移来，花后徙去者。土人移居，则并其花木竹石，一一移植，布置如旧。务农桑，掘商贾。手技尚巧，雕漆磁铜各工，小而益精。居处结构，喜曲折奇零，四壁板片窗格，除庙宇外，无一砖墙屋者，殆地势使之然也。

街道甚修洁，曰某区、曰某町、曰几番，皆书明于门楣上。高官大府，则以三寸木板悬楣上，曰从几位、曰正某位。又有翠瓦，玲珑云起。门外柱立灯塔，夜则燃灯，逻者时时环门巡察。日人所居之屋檐瓦上，皆范成日字，即灯笼亦有一日字。官府所属，皆有病院，以养病者。花木竹石，陈列雅洁，萃医于中以调治之，甚善法也。不治之疾，往往送太医院剖视，验其受病之源，亦西法也。

富家大族，皆用地衣，聘妍斗丽。每从数万里购办机器、军械，不惜重价。近趋欧俗，上自宫府，下及通商口岸，凡制度、衣服、饮食，皆效西人。即各色美酒，亦购之异地。故虽不食鸦片，而每岁流出金钱，岁以千万计。朝野之穷，实缘于此。

制度衣食皆效西人

衣服

贵贱之服，旧则分别悬绝。朝会锦衣绣衮。明时王志坚有《倭锦袍歌》，中有云："青鸾紫凤恍惚似，水底鲛人亲自缫。"言其华美也。故家世族，以花草禽兽等于袖端及背心绘之，以为徽帜，而识姓氏。近则更易冠裳，中西莫辨矣。

衣冠昔则皆唐制度，男女均不着裤，里有围裙，仿佛古时之裳，《礼》所谓中单，《汉书》所谓中裙也。深藏不见足，舞者回旋，时或一露。按：五大部洲惟日本不着裤，闻者笑怪。查"袴"即"裈"，古今皆无裆，有裆起自汉昭帝时上官宫人。《传》称："宫人使令皆为穷袴。"注："穷袴前后皆有裆，不能交通。"是为有裆之袴所缘起。

衣冠昔皆依唐制

袜前分歧为二衩，一衩容拇指，一衩容众指。《致虚阁杂俎》称："太真作鸳鸯并头莲锦袴袜，名曰藕覆。"疑即此式。

屐有如丌字者，两齿甚高；有作反凹者，织蒲为苴。履皆无墙而有梁，梁作人字形，以布缠或纫蒲系于头。必两指夹持用力，方能行走，故袜亦必分两歧。

仆御皆别为微族，鸟兽花草刺画其身，光怪陆离，不可逼视。明治初年，下令禁之乃止。近驭马车者，皆剪发着西服，意气扬扬，若自得也。

物产

九州产稻输入广东

其土宜稻，九州所产时有输入粤东者。又有旱稻，近印度苦旱，移植颇宜。厥种粳者三，糯者五。性喜腴沃，瘠土埆田，则宜加培厚。分苗插秧，深耕易耨，法与他种同。择地以英国寒暑针二十度以上为宜。播种于谷雨、立夏间，其收获也，早在九月，迟则十月。若六七十度热，则春种夏收，岁可再熟。其地多雨，虽暑及百度可无伤。否则卑湿处，久旱亦不至枯槁。凡三百步地，岁获一石四五斗，大熟可得一石七八斗。粳作饭，糯造饼，皆宜。

制丝或用机器。又有一法，以手挽轮，力不如水火，而便于指爪。每四五茧能成一丝。西人喜其细，多购之。制丝皆以女工。

出口之货茶为大宗

产茶以山城国为最佳。绿汤者惟美利坚人喜购之。近年有西商延中人制红茶，味薄远不及中土所产，制日多，价骤贱。日本出口之货，茶最为大宗，岁可得银四百万圆，美人购之十七八。谷雨前后所采名头春，大暑前后所采曰尾春。皆运来横滨，再装出口。次则硝、磺、铜，运至中国者亦不少。近海多产鲨鱼，渔者折翅干之，贩卖中土，以为海错上品，东人无食之者。海鼠即海参，刳其肠，蓄之以瓶，东人以为极品，中人至彼，未敢轻染一指。其馀海物如鳆鱼、鱿鱼、干鳕、海带，运来中土极

海产出口极多

多。箱馆一岛，每年约出银八九百万，横滨、神户、长崎

不与焉。东菰较粤西所产为尤香嫩，萝卜大者几及数十斤重，小亦十数斤。甘蔗因购我中国之糖，出口之银不少。闻现于琉球开辟荒土，广行种植，复议入口糖税，每百圆加抽三十圆，盖欲使华商裹足，用夺我利权也。

煤矿：肥前诸郡大小三百二十九所，肥后天章郡六所，甲斐都留郡二所，常陆多贺郡四所，美浓可儿郡一所。铜山：河边郡四所，太和吉野郡三所，摄津河郡一所，飞弹吉城郡三所，下野安苏郡一所，岩代会津郡一所，陆前五造郡一所，越前大野郡十所，越后蒲原郡八所。开掘之法，用泰西机器为之，甚便也。

造纸不用竹，用构、用楮之法同于中土。更有用芫花、荛花、瑞香花者，皆薄韧而洁白，实上品也。蔡伦用鱼网败絮造纸，中人久失传，今西人乃用之。余闻凡草根木皮能熬成汁浆者，皆可造纸，当不诬也。

《后汉书》谓其无虎、豹、牛、马、羊、鹊，今有牛有马，而无虎豹。开港之初，见白兔诧为异物，或不吝数十百金购之。以毳毛为衣，珍爱备至。近从北直购羊千头豢蓄之，然补牢既晚，未知能繁滋否也。

杂技

初学书者，皆悬腕执笔，作二三寸大字，点画波撇，颇留古法，行草亦佳。碑之古者，有大和尚法隆寺金堂佛背铭、释迦佛像铭、那须国造碑、多贺城碑，皆仿佛六朝

书画之法传自中国

人手笔。昔南海商人自日本还，得其国王之弟与寂照书，自称野人若愚，章草之妙，近世罕觏。余与该部人士晤交，虽多通晓汉学者，而均非善书之人。曾于一处见日人某所书一联云“荣华不到修身地，廉耻能拘识字人”，笔势放纵，殆是后来之秀。

画法来自中土，初摹唐宋院体，后分数家，有土佐家（藤原经隆，土佐人。《五杂俎》言“倭画无皴法，但以笔细画，萦回环绕，细如毫发”，即指此也），有雪舟家（僧等扬，号雪舟，游于明，始传北宋一派），有狩野家（狩野元信最为盛。国朝吴山沈南苹，始以南北合法相授受），有边华山椿家（山椿得恽氏真本，于是传没骨法）。近人晴湖（粤原氏）、花蹊（迹见氏，名泷）诸女史，皆得法于江稼圃（苏人，来游长崎，沙门铁翁等学之），而遥师郑板桥，画法又一变。

围棋多高手，亦用十九行三百六十一子，惟行棋不用棋雅，法差异耳。

河洛、壬遁、龟蓍、星相、方技，旧有流传。日人如役小角、安倍晴明，皆以术著名。惟青鸟之说，未有习者。

医术学习中医

佛教盛时，医术亦寄于僧，后乃有儒而医者。旧用宋和剂局方，有曲直濑正庆始习丹溪、东垣之学。至名护屋丹水、后藤良山再倡复古，专宗仲景，上溯《灵》、《素》。今有浅田宗伯著医书三十馀种。江户人松井操，献隋杨上善《素问注》于大使，乃书库写本，惜既缺数卷。然此注中土久佚，四库目所收始唐王砯。此视砯尤古，可贯也。

史言日本武尊征东夷，泛海相模，风涛大作。宠姬橘媛投海，暴风遂止。凯旋，过碓日岭，东望怀橘媛，叹曰：“吾孺已矣!”后人因号东陲为吾媛国。及崩，葬，白鸟从陵出，目为白鸟陵，今有祠。

楠正成者，南朝殉难之臣。日本比之文文山、岳少保。源光国题其碑曰“呜呼忠臣楠子之墓”。墓在凑川，有樱花数百树，手泽所留，重于大璧。尚有神铃、塑像，能文者皆纪之。

德川氏主政二百馀年，深仁厚泽，民不能忘。还政以来，父老过芝山东照宫，多有焚香泣拜者。旧藩士族，维新后穷不自聊，时时有盛衰今昔之慨。

日本于前明入扰中原，经胡、戚二公大创之后，不构兵，亦不入贡，已三百馀年。同治九年，忽有使臣来上海议通商事，十年至天津，先后共正副使臣六人：全权大臣从二位大藏卿藤原宗臣（伊达氏）、同辅翼正四位行外务大丞兼文书正藤原前光（柳原氏）、同参事正七从五位守刑部中判事兼外务权大丞源直道（津田氏）、同参事正七位守文书权正郑永宁、随行从六位守太学少丞平英（张氏）、同外务大录兼通大佑源忠道（品川氏），随员八人：后文书大佑叶重宽（颖川氏）、文书权大佑叶雅文（颖川氏）、文书少佑藤原远（津久井氏）、外务权少录藤原丰宪（士子氏）、大藏省附属源丰明（小曾根氏）、大藏省

同治间来使议通商

附属橘成种（满川氏），仆从十五人。藤原想是复姓，姓下均有朝臣二字，惟一郑、二叶无之。朝命今合肥爵相宫太傅为全权大臣，调江苏臬司应宝时来津随办，甫议遣使往驻该部。而旋有台湾之役，借辞要挟。幸内慑于兵威，外怵于公论，遂帖耳就款。

土人即虾夷，如台湾生番之类，蠢如鹿豕，声音状貌皆少与日人异，日本称为毛人，又呼曰倭奴，疑即古所称长须国。日本开国在日向，今则自西而东，盖逐虾夷而居之。神武、崇神、武尊、神功中，以力征而经营之，中叶专设征夷大将军以为镇抚。唐时陆奥一道犹尽属虾夷。近三百年，虾夷始徙而聚于奥东三岛，有口虾夷、奥虾夷之称。维新后置北海道，设官开拓其土。闻虾夷种类，现只存数千人，岛为俄人所占。

《山海经》虽载倭国事而不详晰，历代史志于该部之舆地风土，亦未能考据典确。惟《筹海图编》较为详尽，然所述萨摩事，亦多影响附会。宋濂集有《日本曲》十道，《昭代丛书》有沙起云《日本杂咏诗》，而仅有长崎民风，文亦浅陋。朱竹垞所收《吾妻镜》一部，均有挂漏。盖其时海禁未开，且无轮舶往来，士大夫均以风涛险恶，莫肯前赴其处，故未能形诸记载。近见参赞黄君公度著有《日本国志》、《日本杂事诗》数卷，于政事之沿革，年代之递嬗，与夫山川、风土、服饰、技艺，考证典确，一一笔之，他日付诸枣梨，知必有争先快睹者。

黄遵宪

新闻纸，山陬海澨无所不至，以达时务，以公是非。

其有诽谤朝政及诋毁人过者，轻则罚锾，重则监禁，盖仿西法之善者。此外如电线局、邮便所、火车等事，莫不一一规仿西制。

长崎口与我通商已三百年，每岁海泊以八九月至。旧有唐人馆，多以糖、棉花入口，皆日用必需物。书画纸墨，尤所欣慕。近世文集，朝始上木，夕即渡海。东西二京文学之士，每得奇书，则珍重箧藏，夸示于人。而赝鼎纷来，麻沙争购，亦所不免。修好以后，得之较易，非复当年之贵重矣。 长崎通商中国已久

街市曰末知，读若买基市。店悬幌子，居卖曰大问屋，贩卖曰卖捌所，贱卖曰大安卖，零卖曰小间物犀，换银钱曰两替，制衣曰仕立所，酒曰铭酒（铭盖同名），茶曰御茶（御为日本通用之字，义若尊字，又书函之外，题名必用御字，大约皆尊之之词，惟不知所昉也），食物曰御料理，妓寮曰席贷业，栗曰九里，和兰薯曰八里半，鱼饭曰寿志屋，饭店曰御茶渍，鸡子曰玉子，草器曰荒物，类以油煎鱼虾曰天夫罗，和面以肉曰鸭南蛮，菜蔬曰八百屋，烟筒曰喜食留，酱曰味噌。

小车形若箕，体势轻便，即上海所谓东洋车也。上支小帷，殊便展舒。以一人挽之而行，其疾如风，竟能与两马之车争先后。凡牵车者日能走二三百里，亦绝技也。

桦太洲一名库页岛，西邻俄属，南与日本北海道天盐犬牙相衔。费雅喀、俄罗斯、日本、虾夷人杂居其中。初亦不知属何国地，俄使初来，即议画疆界。至明治八年十 库页岛

一月，乃定归于俄，而举千岛属日本。桦太居民皆渔海猎山以自给。山多椴、松，海多鲑、鳟，掘炭捕鲸之利尤厚。闻白主太洞岁出昆布不知几千万石云。

一切工匠，皆自三韩来。金工、瓦工自崇神时，织工自应神时，木工、土工自雄略时，纸墨彩色工自推古时，革工自仁贤时。后有熟皮高丽者，世司其业。古大藏省管百济手部，手部掌杂缝职，仍用百济人为之。《雄略纪》有鞍部贤贵，乃汉人也。惟石工、玉工不详所自。史称垂仁时始作石棺，有石作连赐姓为石作大连公。《古事纪》有八尺句璁五百津之御须麻流珠，或以为太古时天明玉所造，是皆未可据。笔工亦不详所来。《姓氏录》云："右京诸蕃有笔氏，制十一种笔，因赐姓笔氏。"知亦汉人教之也（汉人、韩人来居日本者，谓之蕃别）。

日人短小精悍

日人均短小精悍，见中国人则惊为"纳矣使朵"，译即高长，或曰"阿干"，译即大也。

雪泥鸿爪，偶尔勾留，耳目未周，采访殊隘。归轮暇日，拈笔记之。或游览所亲经，或察问而未详，或考图籍而不尽合，或为朋友所录取，一一采摭，聊供谈噱。初，不记何者为某人所言，何者为某处所见，欲以穷源委，洞情伪，条列而详志之，姑俟诸异日。兹之所存，略著一斑，借资一时之考证云耳。

图说

舆图夥矣。或侈说五洲，或各分畛域。究之，夸广大则道里之纡曲不能详，域方舆则犬牙之互错不能晰。去岁将之日本，拟购图数幅，将以考海道之所经由，山川之所险隘，携之以资印证，而迄不可得。及抵日后，购其国地图数十纸，详细参考，则仅于该国之岛海、山川、郡国、县名加详，而其与我海程毗连之处，亦举不一载，岂故秘之不使人知耶？抑绘图者游踪均所未及耶？轮舟往返，形势略得其大凡，归而一一为历绘之。除日本全国地舆图外，更创为中国界连日本图，备他日从事于彼邦者，知东海一隅，实与我有辅车相依之势。质之当道，谬蒙许可，均谓其能得远势。而索者纷然，苦不暇给。因付手民以附于《谈瀛录》之后，而日本之图亦并列焉。阅者倘因其外详而内略，遂疑重外而轻内，则失绘是图之本意也已。

归来绘制地舆图

光绪庚辰孟春月清泉王之春附识于京口营次

王之春谈瀛录

人名索引

四画

丰臣平秀吉(即丰臣秀吉)

5,10,26　5,11,1　5,11,24

六画

刘吉六

5,10,19

七画

杨幺(南宋义军首领)

5,10,20

杨溥(五代十国时期南吴君主)

5,10,21

何仰云

5,10,25　5,10,26　5,11,16

何如璋(字子峨)

5,11,3　5,11,4　5,11,12

何筠如

5,10,26

余玉峰

5,10,20

沈葆桢(字幼丹、翰宇,谥文肃,曾任两江制军)

5,10,20　5,11,19

张仲访

5,11,4

张斯桂(字景颜,号鲁生)

5,11,3　5,11,12
张骞(字子文,故里在陕西汉中城固县博望村)
5,10,22
阿塔海(元朝将领)
5,11,17

八画

范文虎(南宋降元将领)
5,11,17
范如蕉
5,10,29　5,11,12
罗朗卿
5,10,29　5,11,10　5,11,11
5,11,12

九画

祖冲之(字文远)
5,10,20

十画

徐继畬(字松龛)
5,11,20
徐福(字君房,秦朝著名方士)
5,10,21　5,10,23　5,11,16

十一画

黄遵宪(字公度)
5,11,3　5,11,4
戚继光(字元敬,号南塘)
5,10,21
梁炜煌
5,10,26　5,10,27　5,11,15

十五画

潘镜泉(粤菜名厨)
5,10,23　5,11,19　5,11,20

王之春谈瀛录

译名简释

六画

多祢岛

Tanegashima，种子岛

安南

Annam，越南

七画

佛

France，法国

阿妈港

Macao，澳门

十画

桦太岛

Sakhalin，库页岛

高丽海峡

Korea Strait，朝鲜海峡

走向世界丛书一百种

初编三十五种以＊标出

谢清高 海录（附三种）
＊ 容　闳 西学东渐记
＊ 林　鍼 西海纪游草
＊ 罗　森 日本日记
＊ 斌　椿 乘槎笔记
＊ 张德彝 航海述奇
＊ 王　韬 漫游随录
＊ 志　刚 初使泰西记
＊ 张德彝 再述奇（欧美环游记）
＊ 张德彝 三述奇（随使法国记）
王　芝 海客日谈
＊ 祁兆熙 游美洲日记
＊ 李　圭 环游地球新录
＊ 郭嵩焘 伦敦与巴黎日记
＊ 张德彝 四述奇（随使英俄记）
＊ 黎庶昌 西洋杂志
＊ 刘锡鸿 英轺私记
李凤苞 使德日记
钱德培 欧游随笔
＊ 何如璋 使东述略及杂咏
＊ 张斯桂 使东诗录
黄遵宪 日本国志
＊ 黄遵宪 日本杂事诗〔广注〕
陈兰彬 使美纪略
＊ 曾纪泽 出使英法俄国日记
＊ 王　韬 扶桑游记
＊ 徐建寅 欧游杂录
谭乾初 古巴杂记
王之春 谈瀛录
＊ 李筱圃 日本纪游
池仲佑 西行日记
蔡　钧 出洋琐记
袁祖志 瀛海采问纪实
张祖翼 伦敦竹枝词
王以宣 法京纪事诗
潘飞声 西海纪行卷
潘飞声 柏林竹枝词
潘飞声 天外归槎录
张荫桓 三洲日记
邹代钧 西征纪程
王咏霓 道西斋日记
张元济 环游谈荟
余思诒 楼船日记
缪祐孙 俄游汇编
张德彝 五述奇
＊ 傅云龙 游历日本图经馀纪
傅云龙 游历美加等国图经馀纪
洪　勋 游历闻见录
崔国因 出使美日秘国日记
＊ 薛福成 出使英法义比四国日记
＊ 薛福成 出使日记续刻
陈道华 日京竹枝词

严　修 **东游日记**

姚鹏图 **扶桑百八吟**

凤　凌 **游馀仅志**

* 黄庆澄 **东游日记**

吴宗濂 **随轺笔记**

宋育仁 **泰西各国采风记**

王之春 **使俄草**

伍廷芳 **美国视察记**

* 蔡尔康等 **李鸿章历聘欧美记**

张德彝 **六述奇**（附　七述奇未成稿）

刘学询 **考察商务日记**

黄　璟 **考察农务日记**

罗振玉 **扶桑两月记**

罗振玉 **扶桑再游记**

丁鸿臣 **东瀛阅操日记**

沈翊清 **东游日记**

* 梁启超 **新大陆游记**

张德彝 **八述奇**

载　振 **英轺日记**

吴汝纶 **东游丛录**

双　寿 **东瀛小识**

缪荃孙 **日游汇编**

周学熙 **东游日记**

* 单士厘 **癸卯旅行记**

凌文渊 **籥盦东游日记**

张　謇 **癸卯东游日记**

蒋　煦 **西游日记**

王景禧 **日游笔记**

陈　琪 **环游日记**

* 康有为 **意大利游记**

康有为 **德意志等国游记**

康有为 **英国游记**

* 康有为 **法兰西游记**

韩国钧 **实业界之九十日**

李濬之 **东隅琐记**

盛宣怀 **愚斋东游日记**

* 戴鸿慈 **出使九国日记**

金　鼎 **随同考察政治笔记**

* 载　泽 **考察政治日记**

程　淯 **丙午日本游记**

康有为 **西班牙等国游记**

杨泰阶 **东游日记**

文　恺 **东游日记**

左湘钟 **东游日记**

吕珮芬 **东瀛参观学校记**

* 林汝耀 **苏格兰游学指南**

* 单士厘 **归潜记**

金绍城 **十八国游记**

附 艾儒略 **职方外纪**

附 南怀仁 **坤舆图说**

附 丁韪良 **西学考略**

附 艾约瑟 **西学启蒙**

图书在版编目(CIP)数据

谈瀛录/(清)王之春著.—长沙:岳麓书社,2016.11
(走向世界丛书/钟叔河主编)
ISBN 978-7-5538-0616-7

Ⅰ.①谈... Ⅱ.①王... Ⅲ.①日本—研究—近代
Ⅳ.①K313.47

中国版本图书馆 CIP 数据核字(2016)第 121086 号

TANYINGLU
谈瀛录
作　　者:王之春
校 点 者:鄢　琨
责任编辑:鄢　蕾
责任校对:舒　舍
封面设计:吴颖辉　贺红梅

岳麓书社出版发行
地址:湖南省长沙市爱民路 47 号
直销电话:0731—88804152　88885616
邮编:410006
岳麓书社网址:www.yueluhistory.com

2016 年 11 月第 1 版第 1 次印刷
开本:890×1240　1/32
印张:5
字数:111 千字
印数:1—3 000
ISBN 978-7-5538 0616-7
定价:28.00 元

承印:长沙超峰印刷有限公司

如有印装质量问题,请与本社印务部联系
电话:0731—88884129